新时代劳动教育课程项目的开发与实践

XINSHIDAI LAODONG JIAOYU KECHENG XIANGMU DE KAIFA YU SHIJIAN

著

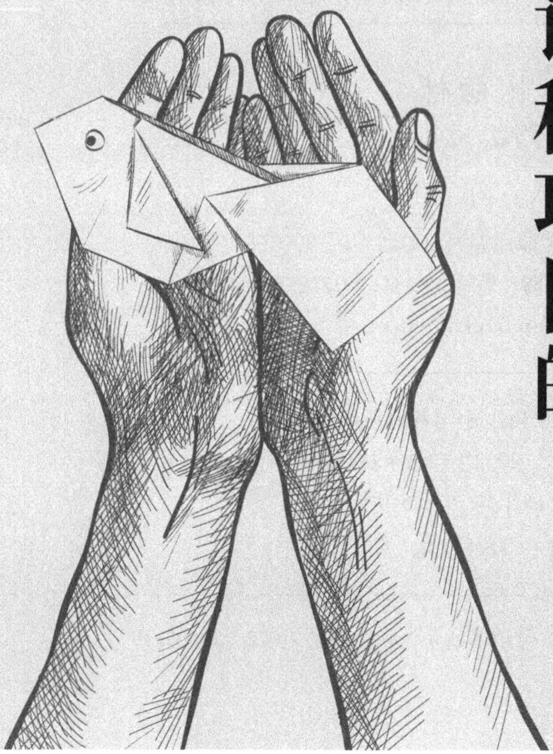

南开大学出版社
天津社会科学院出版社

图书在版编目（CIP）数据

新时代劳动教育课程项目的开发与实践 / 祁永成著
. -- 天津 ： 南开大学出版社 ： 天津社会科学院出版社，
2022.12
ISBN 978-7-310-06344-4

Ⅰ. ①新… Ⅱ. ①祁… Ⅲ. ①劳动教育－课程－教学
研究 Ⅳ. ①G40-015

中国版本图书馆CIP数据核字(2022)第221229号

新时代劳动教育课程项目的开发与实践
XINSHIDAI LAODONG JIAOYU KECHENG XIANGMU DE KAIFA YU SHIJIAN

南开大学出版社
天津社会科学院出版社 出版发行

出版人：陈　敬
地址：天津市南开区卫津路94号　邮政编码：300071
营销部电话：(022) 23508339　营销部传真：(022) 23508542
https：//nkup.nankai.edu.cn

北京建宏印刷有限公司印刷　全国各地新华书店经销
2022年12月第1版　2022年12月第1次印刷
787毫米×1092毫米　16开本　18.25印张　240千字
定价：78.00元

如遇图书印装质量问题，请与本社营销部联系调换，电话（022）23508339

序

自2018年全国教育大会提出建设德智体美劳的教育体系之后，一直到2022年4月中华人民共和国教育部出台《义务教育劳动课程标准》(以下简称《劳动课标》)。短短四年，劳动教育走过了从顶层设计、组织论证到落地实施的全过程。体现了党和国家对劳动教育的重视，也反映了开展新时代劳动教育的紧迫性。可以预见，今后在未来一段时期，在教育行政部门、教研部门和广大教师中将掀起学习贯彻落实新课标的热潮。在这样的时代背景之下，《新时代劳动教育课程项目的开发与实践》一书出版，恰逢时机。

全书分为绪论、问题审视、项目实践、案例分享四个部分。**绪论，统领全文。**从宏观到微观，既把握我党劳动教育政策的演变，特别是习近平总书记劳动教育重要论述，找到新时代做好劳动教育工作的基本遵循，又深入到一线，落实到劳动教育课程教师的肩上，才能贯彻好、落实好、实践好、发挥好劳动教育立德树人的育人价值，塑造新时代劳动者精神面貌的时代使命。**问题审视，反思求解。**从纵向到横向，既深入劳动教育的内部，通过新时代劳动教育何以为“新”，“新”在何处，以何立“新”这三重问题的发问，直插到底，直面问题，形成逻辑链条，指明方向，又站在劳动教育的外部，从五育融合、核心素养、家庭教育、社会教育、学习方式变革等多维视角审视新时代劳动教育，有助于找到方位，找准合适的路，以合适的方式展开劳动教育的伟大实践。**项目实践，以终为始。**从项目开发到项目实践，从项目是什么，项目从哪里来，项目到那里去，到项目的选择、组织、设计、实施和评价，层层推进，逼近本质，提炼出具有一般指导意义的新时代劳动教育课程项目的设计要素、实施的教学流程及实施意见。**案例分享，重在引导。**从劳动工具使用、节日文化、传统手工制作、新技术应用出发，所开发案例尽可能融合《劳动课标》提出的覆盖三大类劳动的十个任务群，全学科渗透、全活动方式实践，全域助力，解决真问题，迎接新挑战，提高学生劳动素养和实践素养。

全书具有以下主要特点：**时效性。**《义务教育劳动课程标准(2022)》(以下简称《劳动课标》)的出台，意味着我们首先需要解读《劳动课标》，需要给老师们提供劳动课程项目案例。本书的出版将是广大劳动教育课程工作者的福音。**理论性。**本书在深入领会把握教育部相关文件，在纵向横向比较中外综合实践教育的基础上，探索出劳动课程项目这一落实劳动教育的实践载体，运用"课程项目化，项目课程化"的实施策略，形成比较稳定的具有实践指导意义的劳动课程项目的实践流程和实施模式。**实践性。**本书是作者经过多年深入思考和实践的成果，所推荐项目案例全部经过师生共同实践检验。案例吸收"做中学""学中做"、项目学习(PBL)、意义学习，理解为先教学设计模式(UbD)等当今教育教学改革的优秀成果，覆盖《劳动课标》的十大任务群，融合考查探究、创意物化、职业体验、社会服务等四大活动方式，安排有梯度的进阶型的项目任务，照顾不同的参与对象，推动形成全域助力、协同育人的劳动教育发展新格局。

天津教育科学研究院课程教学研究中心课程室
主任、综合实践室主任

目 录

问题审视

项目实践

案例分享

绪　论

坚定全民开展新时代劳动教育的自觉性和使命感

“幸福都是奋斗出来的。”①“社会主义是干出来的，新时代也是干出来的。”②某种意义上说，“奋斗”“干”就是劳动。幸福是靠劳动奋斗出来的，社会主义是靠劳动干出来的，新时代也是靠劳动干出来的。

我国是社会主义国家，马克思主义是我国立党立国的根本指导思想，马克思主义劳动观是马克思主义的基本立场。劳动不分贵贱，劳动者是国家的主人，劳动创造价值，劳动创造美好生活等这些正确的劳动观，理应成为我国社会主义社会每个公民的基本价值观。

党的教育方针使然。教育方针是党在一定历史阶段关于教育工作的基本政策的总概括，解决的是“培养什么人、怎样培养人、为谁培养人”这个根本问题。2021 年新修订的《中华人民共和国教育法》第五条规范了教育方针的表述，即“教育必须为社会主义现代化建设服务、为人民服务，必须与生产劳动和社会实践相结合，培养德智体美劳全面发展的社会主义建设者和接班人”。因此教育与生产劳动和社会实践相结合，培养全面发展的社会主义建设者和接班人，这一育人路径，是党一贯坚持的基本立场。

---

① 国家主席习近平发表 2018 年新年贺词[N]．人民日报．2018（001）．

② 习近平．视察宁夏时的讲话．[N]．宁夏日报．2016．

劳动教育是国民教育体系的重要内容，是学生成长的必要途径，具有树德、增智、强体、育美的综合育人价值[①]。如果我们对劳动教育这个必要途径认识不清，重视程度不够，贯彻落实不扎实，那么势必影响社会主义建设者和接班人的精神面貌，劳动价值取向和劳动技能水平。一个人如果不爱劳动，不想劳动，不热爱劳动人民，脱离劳动群众，无论这个人其他"四育"发展得多么充分，最终也会如文章那样"言之无文，行而不远"。当然我们十分肯定地知晓，他的其他"四育"发展也必然不会充分。一句话，劳动教育是一个人能否成为合格的社会主义建设者和接班人的最终检测剂。这是唯一的检测剂，除此之外，没有其他。

我们分别从以下角度再次探讨劳动教育的重要性，进而增强全民深入开展新时代劳动教育实践的自觉性和使命感。

第一，习近平总书记对教育的重要论述，特别是关于劳动教育的论述，为新时代做好劳动教育工作擘画了蓝图，提供行动指南。

习近平总书记教育重要论述是推进新时代我国教育现代化的指导思想和行动指南。厘清习近平总书记教育重要论述产生的时代背景及科学内涵，特别是关于劳动教育的科学内涵，有助于我们正确回答"培养什么人、怎样培养人、为谁培养人"这个根本问题，有助于我们认清劳动教育是从哪里来，又将走向何方。

时代是思想之母，实践是理论之源。[②] 党的十九大报告作出了"中国特色社会主义进入了新时代"这一历史方位的最新判断。新时代之"新"在于我国进入一个"强起来"的发展阶段，中华民族比以往任何时候更接近民族复兴大业，实现中国梦的发展阶段；新时代我们面临的社会主要矛盾发生了变化，新时代我们的奋斗目标发生了变化，人民对公平有质量的

---

① 中共中央国务院关于全面加强新时代大中小学劳动教育的意见[N]. 人民日报，2020-03-27(1).

② 教育部课题组. 深入学习习近平关于教育的重要论述.[M]. 北京：人民出版社，2019.

教育的期待发生了变化，国家对卓越人才需求发生了变化，所有的这些变化毫无疑问地反映到教育上，“教育的基础性、先导性和全局性的地位和作用就更加突显”①。发展具有“中国特色，世界水平”的现代教育，建好“教育强国”，是新时代国家在教育上的主要目标。

与现阶段社会主要矛盾表现一样，在教育领域，虽然“我国教育总体发展水平已经入世界中上行列”，但是“我国教育发展不平衡不充分，还不能完全适应国家经济社会发展和人民群众日益增长的新要求和新期盼”。这是摆在我党我国各族人民面前的时代之问。立足实践之基，直面时代之问，习近平总书记教育重要论述，正是在这样的时代背景下应运而生，为加快推进教育现代化，建设教育强国，办好人民满意的教育提供了行动指南。

新时代党和国家高度重视劳动教育，劳动教育成为习近平总书记教育重要论述的主要组成部分。2018 年 9 月 10 日，习近平总书记在全国教育大会上发表了“坚持中国特色社会主义教育发展道路，培养德智体美劳全面发展的社会主义建设者和接班人”的重要讲话。“全面发展的社会主义建设者和接班人”有了新的表述即“培养德智体美劳全面发展的社会主义建设者和接班人”。新的表述既是对马克思主义教育思想的继承和发展，又体现了党对教育发展规律、人才培养规律的深刻认识和把握。

第二，党对劳动教育的探索，是一个认识和实践过程。

从新民主主义革命时期到社会主义革命和建设时期再到改革开放和社会主义现代化建设新时期，都有党对劳动教育探索的身影。实际上，党对劳动教育的探索，是有一个认识和实践过程的。教育与生产劳动相结合是造就全面发展的人的唯一方法的观点，是党一贯坚持的马克思主义教育思想的基本理论框架。但在不同的历史时期由于承担着不同的历史任务、社会主要矛盾的不同表现形式及各种主客观因素造成的认识上的局限性等原因，劳动教育政策表现出不同的特点和形式。

---

① 本书编写组. 习近平总书记教育重要论述讲义.［M］北京：高等教育出版社，2020.

中国特色社会主义新时代是一个“劳动圆梦”[①]的时代。在进入新时代以来,习近平总书记曾在不同场合下论述了劳动教育的重要性。2013年在同全国各族少年儿童代表共庆“六一”国际儿童节时,他强调:“生活靠劳动创造,人生也靠劳动创造。你们从小就要树立劳动光荣的观念,自己的事自己做,他人的事帮着做,公益的事争着做,通过劳动播种希望、收获果实,也通过劳动磨炼意志、锻炼自己。”[②]2015年,习近平总书记在庆祝“五一”国际劳动节暨表彰全国劳动模范和先进工作者大会上发表了题为《弘扬劳模精神劳动精神 以劳动托起中国梦》的讲话,他指出:“劳动是人类的本质活动。”“我们一定要在全社会大力弘扬劳模精神、劳动精神,引导广大人民群众树立辛勤劳动、诚实劳动、创造性劳动的理念,让劳动光荣、创造伟大成为铿锵的时代强音,让劳动最光荣、劳动最崇高、劳动最伟大、劳动最美丽蔚然成风。”[③]

为落实习总书记讲话精神,教育部决定自2013年秋季开始“在全国各级各类学校深入开展爱学习、爱劳动、爱祖国”的“三爱”教育。之后的2015年7月,教育部、共青团中央、全国少工委联合颁布了《关于加强中小学劳动教育的意见》,[④]对中小学劳动教育的目标、原则、关键环节和保障机制进行了明确规定。

2018年9月10日,习近平总书记在全国教育大会上提出:“要努力构

① 全面加强中小学劳动教育 全国中小学劳动教育现场推进会在四川成都召开教育部 2021-10-22http://www.moe.gov.cn/jyb_zzjg/huodong/202110/t20211022_574370.html.

② 在同全国各族少年儿童代表共庆“六一”国际儿童节时的讲话(2013年5月29日)[N].人民日报2013年5月31日.

③ 习近平在庆祝“五一”国际劳动节暨表彰全国劳动模范和先进工作者大会上发表重要讲话[N].中国教育报,2015-04-29. http://www.moe.gov.cn/jyb_xwfb/s6052/moe_838/201504/t20150429_187603.html.

④ 教育部 共青团中央 全国少工委关于加强中小学劳动教育的意见[J].中华人民共和国教育部公报,2015(09):31-33.

建德智体美劳全面培养的教育体系，形成更高水平的人才培养体系。”[①]这样“四育”发展为“五育”，劳动教育成为全面发展的社会主义教育体系的重要组成部分，劳动教育和我国人才培养体系建立了联系。其后《关于全面加强新时代大中小学劳动教育的意见》(以下简称《意见》)、《大中小学劳动教育指导纲要(试行)》(以下简称《纲要》)以及《义务教育劳动课程标准》(以下简称《劳动课标》)三个重要文件的颁布实行，加上“双减”政策下课后服务对劳动教育的要求，特别是2021年10月21日，在四川成都召开全国中小学劳动教育现场推进会，“劳动教育是中国特色社会主义教育制度的重要内容，是新时期党对教育的新要求，是法律的明确规定，是促进学生全面发展的迫切需要，具有极端重要性”[②]。这标志着我国对劳动教育的实践探索进入新阶段。

综上所述，我们发现，在党的百年历史征程中，劳动教育一直伴随着党从弱小走向强大，伴随着中华民族实现了从站起、富起来到强起来的伟大历史飞跃。在中国特色社会主义进入新时代，在实现中华民族伟大复兴的中国梦的进程中，劳动教育也必将继续发挥着它立德树人的重要作用，在坚持中发展，在创新中发展，发挥了塑造社会主义建设者和接班人的重要作用。

第三，新时代劳动教育课程教师的机遇与挑战。

前面，从宏观的角度叙述了坚定新时代劳动教育的自觉性和使命感。下面从微观角度，以长期从事劳动教育课程的教师的角度，谈几点粗浅认识。

毫无疑问，所有的劳动教育政策方针，只有落实到一线教师中去，落实

---

① 习近平在全国教育大会上强调 坚持中国特色社会主义教育发展道路 培养德智体美劳全面发展的社会主义建设者和接班人[J].党建研究，2018(10):2.

② 教育部:全面加强中小学劳动教育 全国中小学劳动教育现场推进会在四川成都召开 http://www.moe.gov.cn/jyb_xwfb/gzdt_gzdt/moe_1485/202110/t20211022_574370.html.

到劳动教育课程的教师身上，才会造福学生。短期来看，学校依然是一个以传授间接经验为主要职责的地方，以直接经验为主的实践类课程处于从属的地位。从事像劳动教育课程之类的实践类课程教学的教师，一定要有明确的认识。这是由长期形成的主、副科体制下的学科专业地位不平等而带来的“伤害”并形成了今天劳动教育的现状。正是由这种劳动教育的现状而造成的危害，促使党中央、国务院下决心大气力发展劳动教育。

在过去的几十年里，选择成为一名劳动教育课程的教师，就选择一种预备长期“坐冷板凳”的精神生活。但现在，劳动教育正在被赋予新的内涵，担负起新的责任和使命，劳动教育立德树人的作用正日益凸显。伴随着人工智能时代的到来，学校也面临着挑战和变革，立足人的全面发展下的全人教育，“五育融合”的育人导向正在重塑着学校及与学校密切相关的教育系统内部和外部利益攸关各方的面貌。

自 2018 年全国教育大会提出建设德智体美劳的教育体系之后，党中央、国务院，教育部先后印发《意见》《纲要》，一直到 2022 年 4 月教育部出台《劳动课标》。短短四年，劳动课程就走过了从顶层设计、组织论证到落地实施的全过程。这在以往的课程设置史上是不多见的。由此也体现了党和国家对劳动教育的重视，也反映了进入新时代开展劳动教育的紧迫性。当然不可否认的是，相较于其他课程，我们的劳动课程尚处于刚刚起步的阶段，理论指导下的实践和实践过程中形成规律性的认识、进而总结归纳为理论，这个过程需要假以时日，反复实践，否定之否定，才能形成螺旋式上升形式的理论。从这个意义上讲，成为一名新时代的劳动教育课程教师，将面临更多机遇和挑战。

新时代的劳动（教育）课程的教师，应主动践行劳动教育使命责任，勇挑重担，勇于实践，为塑造新时代社会主义劳动者精神面貌，为促进更高水平育人体系的建设做出更大的贡献。这就需要教师们，一要加强理论学习，现阶段要学好用好《劳动课标》，领悟《劳动课标》的精神内涵和实质；

二要勇于实践，切实提升自身劳动素养。这是因为一个缺乏劳动素养的教师，难以培养出有劳动素养的学生。三要提升课程的规划、组织实施的能力。作为一名优秀的劳动教师，一定是“学生实践的启发者、指导者和呵护者”①，一定是家、校、社协同开展劳动教育的桥梁和纽带。在社区哪里，他对社区的劳动资源了如指掌，用稳定的劳动课程资源库将学校和社区联系起来了；在家庭那边，围绕家庭里的日常生活劳动资源，他开发家庭劳动清单，布置亲子劳动任务，是家长和孩子亲情融洽的黏合剂。

从这个意义上讲，成为一名新时代的劳动教育课程教师，就选择了一种勇往直前，终身学习的生活方式。可以想象，未来的学校将会是一个集学习、演出、成果分享、劳动实践的综合场所，一个发挥个人特长、实现个人梦想的场所。在其中，劳动教育将大有作为。

① 中华人民共和国教育部制定编. 义务教育劳动课程标准 2022 年版[M]. 北京：北京师范大学出版社 2022. 05.

问题审视

“当今世界正经历百年未有之大变局。”

“今天,我们比历史上任何时期都更接近、更有信心和能力实现中华民族伟大复兴的目标。”①

习近平总书记这一重要论断,立足世界发展大势和国家发展全局,揭示了新时代我国的历史方位和世界方位。这不仅意味着世界深刻地影响着中国,更意味着中国正在深刻地影响着世界的发展格局,而且中国对世界的影响超越了世界对中国的影响。这种影响,毫无疑问,对全体中国人民提出了更高的要求,对社会主义建设者和接班人提出了更高的要求。

教育兴则国家兴,教育强则国家强。“对提高人民综合素质、促进人的全面发展、增强中华民族创新创造活力,实现中华民族伟大复兴具有决定性的意义。”②

在我国全面发展教育体系中,“劳动教育直接决定着社会主义建设者和接班人的劳动精神面貌、劳动价值取向和劳动技能水平”③。由此可见,

---

① 中共中央关于党的百年奋斗重大成就和历史经验的决议[N]. 人民日报,2021-11-17(001). DOI:10. 28655/n. cnki. nrmrb. 2021. 012021.

② 习近平在全国教育大会上强调 坚持中国特色社会主义教育发展道路 培养德智体美劳全面发展的社会主义建设者和接班人[J]. 党建研究,2018(10):2.

③ 中共中央国务院关于全面加强新时代大中小学劳动教育的意见[N]. 人民日报,2020-03-27(1).

劳动教育不仅关系到我们的教育目的，即我们培养的社会主义建设者和接班人是什么样的人，而且关系到中国对世界的影响，关系到伟大复兴中国梦的实现。

新时代劳动教育何以为“新”，“新”在何处，以何立“新”，考查这三重逻辑，将有助于我们整体把握新时代劳动教育的方向，从而更加坚定全民开展劳动教育实践的自觉性和使命感。从多维视角下审视新时代劳动教育，有助于我们找到合适的路，以合适的方式展开劳动教育的伟大实践。

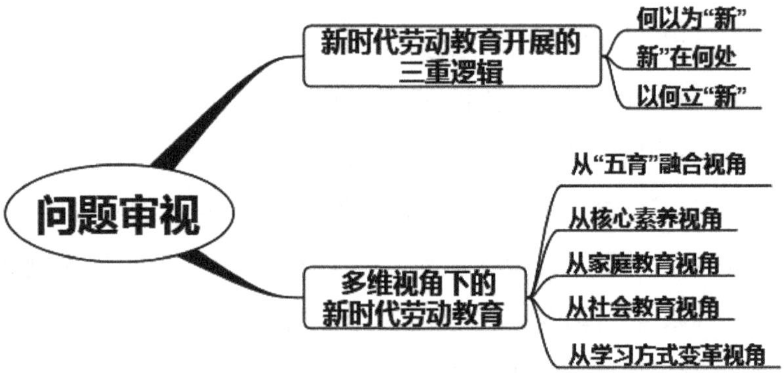

第一章

新时代劳动教育开展的三重逻辑

2018 年，习近平总书记在全国教育大会上强调了劳动教育的重要性，提出“要构建德智体美劳全面培养的教育体系”。这是新时代党对劳动教育的新要求。2020 年 3 月，中共中央、国务院印发了《关于全面加强新时代大中小学劳动教育的意见》，就全面贯彻党的教育方针，加强大中小学劳动教育进行了系统设计和全面部署。2020 年 7 月，中华人民共和国教育部印发《大中小学劳动教育指导纲要（试行）》，主要面向学校提供专业指导。2022 年 4 月，中华人民共和国教育部印发《义务教育劳动课程标准（2022 年版）》，引导和推进劳动教育落地实施。从《意见》到《纲要》再到《劳动课标》，为开展劳动教育提供了前所未有的机遇，成为新时代劳动教育开展的基本遵循。基于此，本书提出新时代劳动教育的三重逻辑，即：新时代劳动教育何以要“新”、“新”在何处、以何立“新”。深刻理解和准确把握这三重逻辑，对贯彻《意见》和《纲要》精神，落实《劳动课标》，落实立德树人根本任务，构建德智体美劳全面培养的教育体系，对新时代劳动教育开展具有重大理论意义和实践价值。

第一节 新时代劳动教育何以要“新”

提交新时代劳动教育何以要“新”的问题，不仅仅是因为这个问题是我们即将讨论的“三重逻辑”的第一重逻辑，而且在于它是新时代劳动教育之所以发生、发展的基石。离开了这个基石，关于劳动教育的所有讨论、实践，就是无水之源，无本之木。因此，我们需站在新的历史方位，运用新的理论，直面现实问题，解决现实问题，以促进劳动教育不断在继承中发扬，在守正中创新，在比较中扬弃，在实践中完善。

一、应时代要求而新

进入新时代，党和国家对劳动教育的重要性有了进一步的认识，“把劳动教育贯穿于人才培养的全过程”[①]，把劳动教育和培养社会主义建设者和接班人相联系，劳动教育成为中国特色社会主义教育制度的重要内容。这是因为：

一是劳动是马克思主义劳动观、劳动价值观的逻辑起点，是马克思主义的理论基石。[②] 劳动是创造物质财富和精神财富的过程。[③] 劳动是创造财富，价值和美好生活的手段。除此之外，别无他途。劳动创造了人，也创造了社会。劳动是人的本质活动。人的本质是通过劳动实现的。所以说劳动是“人之为人”的手段。

---

① 《中共中央国务院关于全面加强新时代大中小学劳动教育的意见》[N]．人民日报，2020-03-27(1)．

② 徐长发．新时代劳动教育再发展的逻辑[J]．教育研究，2018-12-14(11)．

③ 大中小学劳动教育指导纲要(试行)[J]．教育科学论坛，2020(24)：3-11．

二是劳动是教育的起源，教育的本质是劳动。[①] 在劳动实践中产生的有关生活、生产的经验，思想、艺术等的集合构成了教育。所以说教育源自社会生产劳动和人的发展需要。

三是党和国家基于人的全面发展提出了德智体美劳“五育”，基于“五育”全面发展提出了要构建现代教育体系，走中国特色社会主义教育发展道路，培养德智体美劳全面发展的社会主义建设者和接班人。

四是劳动教育是检验其他“四育”的唯一途径。劳动教育与其他“四育”的关系的经典论述是“以劳养德，以劳增智，以劳健体，以劳育美”。简单言之，就在劳动教育的过程中涵养美德（德育），在劳动教育的过程中实现增长才干（智育），在劳动教育的过程中实践强壮体魄（体育），在劳动教育的过程中培育美、创造美（美育）。

在此，劳动教育是一个载体，一个手段，一个桥梁。在劳动教育的实践中，我们培养了学生热爱劳动，热爱劳动人民的价值观，那我们又做了德育的工作，从这个角度而言，劳动教育就是德育，或者说德育渗透到劳动教育当中了；在劳动教育的实践中，我们引发了学生思考探究劳动过程的原理奥秘，那我们又做了智育的工作，从这个角度而言，劳动教育就是智育，或者说智育渗透到劳动教育当中了；在劳动教育的实践中，我们“出力流汗”强健了学生体魄，增强了学生体能，那我们又做了体育的工作，从这个角度而言，劳动教育就是体育，或者说体育渗透到劳动教育当中了；在劳动教育的实践中，我们促成了学生发挥聪明才智去设计创造美的成果，那我们又做了美育的工作，从这个角度而言，劳动教育就是美育，或者说美育渗透到劳动教育当中了。这样，通过劳动教育这个桥梁，打通与其他“四育”以及“四育”之间的壁垒，促进“五育”更高水平的融合。

马克思在论述产品—货币—商品关系时，把产品到商品的过程称为

---

① 徐长发.新时代劳动教育再发展的逻辑[J].教育研究，2018-12-14(11).

“惊险的一跃”。“这个跳跃如果不成熟，坏的不是商品，但一定是商品占有者”。这里借用这一理论类比劳动教育与其他“四育”的关系。商品类比社会主义建设者和接班人，“惊险的一跃”类比劳动教育，其他“四育”类比成为商品之前的产品。如果经我们的“四育”培养出来的学生，不热爱劳动，不愿意劳动，不热爱劳动人民，不珍惜劳动果实，不接受劳动教育，那么就不能完成这“惊险的一跃”，就不能成为社会主义建设者和接班人。这里类比“惊险的一跃”的劳动教育，就成为关键。劳动教育成为检验其他“四育”的途径，除此之外，便无他途。

“四育”发展得好不好，要在劳动教育的实践中得到证明。一个人的德行如何，懂不懂劳动是实现财富的源泉，信不信幸福是靠诚实劳动、辛勤劳动、合法劳动得来的，是持续不断地吃苦耐劳，还是某一次应景表演，耍滑偷奸，这样的劳动观念、劳动品质只有在劳动教育的实践中得到检验。[①]一个人的智育如何，会不会用规范的程序加以劳动，能不能创造性劳动，这样的劳动能力只有在劳动教育的实践中得到检验。一个人的体育如何，能不能保持身体和心理的活力长久地劳动，这样的劳动素质只有在劳动教育的实践中得到检验。一个人的美育如何，能不能焕发出勤俭、奋斗、创新、奉献的精神力量，这样的劳动精神只有在劳动教育的实践中得到检验。

二、应现实问题而新

劳动教育的落实具有现实紧迫性。这是因为：

第一，劳动教育在学校中被弱化，在家庭中被软化，在社会中被淡化。[②] 由于对劳动教育的独特育人价值认识不足，学校、家庭、社会在劳动

---

① 柳夕浪《大中小学劳动教育指导纲要（试行）》解读，2020 年度中小学劳动教育公益直播系列课程 https://mp.weixin.qq.com/s/xw886M-HbCFCiV-kifIoUQ 第二期

② 教育部、共青团中央、全国少工委关于加强中小学劳动教育的意见（教基一[2015]4 号）.2015.07.20.

教育中的作用尚未形成合力。一些学生轻视劳动、不会劳动、不珍惜劳动成果、不尊重普通劳动者的现象时有出现。社会上不劳而获、贪图享乐、崇尚暴富的思想有所蔓延。①

第二，应试教育的“指挥棒”和精英化倾向，背离了教育与生产劳动相结合的马克思主义教育的基本思想，也违背了《中华人民共和国教育法》的相关规定。让学生参与劳动，在家长那里都不到支持，更不用说要发挥家庭在劳动教育中的基础性作用，导致“一些学生身心发展失衡，不能健康成长”。②

第三，我国现有的课程体系中，人为地制造出“考试科目”“非考试科目”“主科”“副科”的课程格局，作为劳动教育课程主要载体的劳动与技术课程，丧失学科地位。

课程是落实教育目标的有效载体。劳动教育长期被排斥在“德智体美”的教育方针之外，劳动技术课程作为综合实践活动课程的一个部分，学科地位丧失。而综合实践活动课程，又是一个叠加开设课程的集合，其内容越来越广，各种专题教育都要落实，结果自然是顾此失彼。综合实践活动课程在近些年的实施过程中“尚未达到全面实施和有效实施的状态，迫切需要进一步推进和规范指导”。③

第四，没有一支稳定的教师队伍。现有的在校教师，大多数出生于改革开放以后，自身参与劳动实践的机会少，实践能力和创新精神比较弱。再加上学科地位的影响，许多地方劳动教育课程的老师处于“上天无路，入地无门”的境况：一是由于课程计划直接将劳动技术划拨归综合实践活动课程范畴，综合实践活动课程范畴的落实又和社会实践结合起来，所以

---

① 陈云龙，吴艳玲. 新时代劳动教育的内涵、特征与价值[J]. 人民教育，2020(07)：35-38.

② 陈云龙，吴艳玲. 新时代劳动教育的内涵、特征与价值[J]. 人民教育，2020(07)：35-38.

③ 田慧生. 发挥综合实践活动课程的独特育人价值[N]. 中国教育报，2017(10).

具有执行层面上的许多学校把包括劳动教育课程在内这一块教育内容理所当然地外包给校外的基地(诸如青少年绿色文明基地等),这样在上级核定中小学劳动教育教师岗位数量时自然就不缺编,甚至出现了学校劳动技术学科教师几近全军覆没的状况,更不用说能发挥学校在劳动教育中的主导作用,学校劳动教育课程建设无从谈起,这是学校"弱化"的结果。二是有的地方,即便配备了兼职教师,由于尚未取得与其他学科在评定职称、评优同等待遇,目的只是应付检查而已;三是在各地开展的教师周期性的继续教育培训中,许多地方没有开设这一科目,直接导致劳动教育课程的老师专业素质普遍低下。

第五,由于劳动教育的实践课程的性质,对工具、场景依存度高,缺抓手,缺载体,无法满足学生多样化的实践需求。

由于义务教育现代化达标没有对劳动教育实践教室提出明确的要求,因此目前许多学校没有建设劳动实践教室,再加上出于安全的考虑,类似于剪纸、绳结类的劳动课程也大多停留在观赏层面,导致"有育无劳",或者即使是有"育",也是浅层次的"育"。

第六,有些学校出现了组织学生校外参观劳动基地的"观光式"的劳动教育,有的学校出现了指向某一职业的"职业化"的劳动教育,有的学校出现了劳动视为"惩罚"学生的手段的所谓"污名化"的劳动教育,凡此种种劳动教育的实践乱象,偏离劳动教育的育人要求。①

第七,受认识不足等原因影响,校内校外两种教育,课堂内外两个阵地,一直都没有有效融合,尚不能完成培养一个德智体美劳全面发展具有健全人格的学生的时代任务。表现在劳动教育上,实施落实形式单调,基本上以教师在课堂内讲授劳动理论知识为主,课外校外劳动实践来源有限、类型相对单一。来自社区、传统手工或机械制造业中的传统劳动项目,

① 班建武. 劳动教育的育人属性与时代要求. 2020 年度中小学劳动教育公益直播系列课程. https://mp.weixin.qq.com/s/_pTPgs3tG27VJcjO4_xfqQ 第八期.

这些都与学生生活实际相去甚远，自然吸引力不够，不能充分调动学生主动参与劳动的热情。

第八，与课程改革之前的其他学科课程相类似，现有的劳动技术课程的开设也存在着课程"注重知识传授"，课程结构"缺乏整合"的倾向，课程内容"难、繁、偏、旧"，与学生生活以及现代社会和科技发展的联系不紧密等问题。[①] 此可见重构包括改变课程的结构、课程内容在内劳动技术课程体系至关重要。

第二节　新时代劳动教育"新"在何处

考察新时代劳动教育何以要"新"，是为了在继承中发扬，在遵循社会主义劳动价值观规律的基础上，找到新时代劳动教育的特殊性，获得开展劳动教育的新途径、新抓手。接下来提交的问题是新时代劳动教育"新"在何处，对这个问题的回答将有助于我们有的放矢，抵近问题。

一、内涵要新：懂劳动，会劳动，爱劳动

从中共中央、国务院印发的《意见》看，新时代劳动教育的新内涵主要表现在以下三个方面：

第一，懂劳动。强调劳动教育是引导学生全面、正确地认识劳动的教育。这就是要培养学生养成正确的劳动观，引导学生崇尚劳动、尊重劳动、尊重普通劳动者，树立劳动最光荣，劳动最崇高，劳动最伟大，劳动最美丽的观念。

---

① 教育部《基础教育课程改革纲要(试行)》2001.

第二,会劳动。强调劳动教育是让学生参加劳动实践进行锻炼的教育。这就是要让学生在劳动实践的过程中具备完成一定劳动任务的劳动能力。当前实施劳动教育的重点是“在系统的文化知识学习之外,有目的、有计划地组织学生参加日常生活劳动、生产劳动和服务性劳动,让学生动手实践、出力流汗、接受锻炼、磨炼意志”。

第三,爱劳动。强调劳动教育是让学生在道德上做好参加劳动准备的教育。这就是引导学生在经常性的劳动实践的过程中形成自觉劳动、安全规范劳动的劳动习惯和品质。《意见》强调要从劳动精神面貌、劳动价值取向和劳动技能水平三个方面提高学生劳动素养,让学生做好劳动准备。

新近印发的《劳动课标》将这种劳动素养细化为劳动观念、劳动能力、劳动习惯和品质、劳动精神四个方面,这样就具有了更明确的实践指向。

二、内容要新:覆盖三大类劳动十个任务群

进入知识经济,教育内容要涵盖许多行业的新知识新技能,突出表现为教材更新快,课程标准修订频繁。作为“五育”之一的劳动教育,内容也需要做出调整。这是因为:

随着时代的发展,劳动的构成更加复杂多元,现代化、信息化、智能化的劳动内容不断增加。因此,《意见》强调要以日常生活劳动、生产劳动和服务性劳动为主,特别强调要“结合产业新业态、劳动新形态,注重选择新型服务性劳动的内容”①。《纲要》规定,要“紧跟科技发展和产业变革”“创新劳动教育内容、途经、方式,增强劳动教育的时代性”②。

《劳动课标》将内容细化为覆盖三大类劳动(日常生活劳动、生产劳动

① 中共中央国务院关于全面加强新时代大中小学劳动教育的意见[N].人民日报,2020-03-27(1).

② 大中小学劳动教育指导纲要(试行)[J].教育科学论坛,2020(24):3-11.

和服务性劳动)的十个任务群。劳动项目内容要从这十大任务群中加以选择和确定。关于“劳动课程内容结构”请参照《劳动课标》。

三、体系要新:纵向衔接与横向贯通

新时代劳动教育针对“不同学段,类型学生特点”①,构建了纵向衔接的“大中小学一体化系统设计”②;构建横向贯通的“独立设课与学科渗透教学有机结合”③“课外校外活动中安排劳动实践”“校园文化建设中强化劳动文化”④的劳动教育新途径。

四、学与教的过程要新:更加明确的指向性学习

重视学与教的过程,是2001年新课程改革的一大亮点。过程和方法作为三维目标之一,成为教师设计教案必须要衡量的问题。这说明那种“重知识传授,轻方法指导”“重结果、轻过程”的倾向正在得到改变。

学与教的过程影响学习的过程,也会影响学生的成长。对于劳动教育课程而言,实践类的课程特征决定了学与教的过程更加重要。学生在学校的技术工坊设计制作出可以赠送给亲人的手机支架,或是在家里精心烹制出的一道菜肴,这样的实践体会,会给学生埋下怎样的一颗种子,会对其产生怎样的影响,值得期待。

---

① 中共中央国务院关于全面加强新时代大中小学劳动教育的意见[N].人民日报,2020-03-27(1).

② 陈云龙,吴艳玲.新时代劳动教育的内涵、特征与价值[J].人民教育,2020(07):35-38.

③ 陈云龙,吴艳玲.新时代劳动教育的内涵、特征与价值[J].人民教育,2020(07):35-38.

④ 大中小学劳动教育指导纲要(试行)[J].教育科学论坛,2020(24):3-11.

新时代劳动教育课程的指向性学习目标会更加明确,学习过程会更加清晰,学生内驱动力推进的学习会更为持久。这是因为新时代劳动教育课程的开发实践,大多采用基于真实情景的构建下的 STEM 或是项目式学习。教学目标的设定,教学环节的设定,教学方式的选取,评估量规的预设等一切都指向了学习目标。在一切指向学习目标的场域里,学习过程变得更加清晰,教师的教学目标和学生的学习目标趋于一致。重视学生最近发展区的跨学科背景经验活动的搭建,让学生在解决问题,尤其是工程问题上更加得心应手,这解决了长期困扰我们的学生动手能力弱的问题。同时重视成果的多样化表达,让学生在自我实现的内驱动力的推动下充满热情和持续不断地学习。

五、实施载体要新:课程项目

劳动项目是劳动教育实施的载体。但是这种载体发挥作用不明显,没有改变劳动教育实施的现状,因此新时代劳动教育迫切需要一种新载体,一种解决问题的新思路。

课程项目是一种新载体。简言之,课程项目就是"用项目去驱动课程,用课程来规范项目"或者可以表述为"课程项目化,项目课程化"。它将项目和课程的优势充分发挥出来,可以解决了当前劳动教育被"弱化"的困境,解决了当前课程实施存在的"无意义的学习"的困境,解决了当前项目学习无法进入规模化实施的困境。因此,课程项目的表述是一种解决问题为取向的表述,是基于当前劳动教育问题解决的现实使然。有关课程项目这一概念更为详尽的解释,可以参见本书第三章《新时代劳动教育课程项目》。

在新时代劳动教育课程项目的实践中,劳动教育课程里的那一个个任务群,在项目的统领下变得有意义起来,有价值起来。劳动教育课程的学习不仅仅是完成任务驱动下具体的一个个操作步骤,相反的在项目的加持下变得“有情有味”。如“编中国结,表学子情”劳动教育课程项目中,学生制作出许多具有中国结元素且方便医护人员使用的创意作品。为了制作这些作品,许多学生在疫情防控期间主动争做核酸检测志愿者,在与医护人员的近距离接触中感受他们的实际需要和敬业、奉献的劳动精神。

六、学习空间要新:延伸劳动教育的实践场所

新时代的劳动教育,需要构建家庭、学校、社会相结合的责任链条[①],坚持居家学习、在校学习与研学旅行相结合的实施路径。在劳动教育中,家庭要起基础作用,学校要起主导作用,社会要发挥支持作用。要发挥好家庭、学校和社会三者的作用,形成协同育人合力,就需要构建新时代劳动教育的学习空间。

新时代劳动教育学习空间的构建,主要指的是在一个有限的空间里,基于方便实用的原则,不同区域的分割与组合,以满足学生不同学习方式的需求融合。如校园科技工坊,创客教室、劳动实践教室等专用教室的建设。这里的学习方式除包括传统的一对一的学习、讲座,更包括现在倡导的项目式学习、跨学科学习、数字制造、基于设计思维的学习等。

新时代劳动教育学习空间的构建,不仅指的是劳动实践教室,还包括劳动文化氛围的建设,如在教室张贴标语、模范人物挂图,操作规程图及劳动项目完成综合评价表等。总之校园的一草一木、一墙一壁皆是教育的场所,这些环境构建,对发挥综合育人功能起到积极作用。

除此之外,要扩大延伸劳动教育的实践场所,“强化综合实施”,发挥政府统筹的作用,利用好社区以及“现有的综合实践基地、青少年校外活

① 陈云龙,吴艳玲.新时代劳动教育的内涵、特征与价值[J].人民教育,2020(07):35-38.

动场所、职业院校以及普通高等学校的实践场所”①,以形成充分利用、“开放共享”②的机制。

七、教师的功能要新:互为主体,互为成全的师生关系

教师的理念要更新。教师不再是知识的唯一传播者,教师不再是课堂进行曲的“独奏者”,教师不再是唯一提供帮助的人,教师不再是唯一提供评价的人。

教师的行为要更新。新时代的师生关系的边界范围变得愈加模糊,师生关系变成一种“互为主体,互为成全”③的关系。

教师的能力要更新。对于劳动教育课程的老师而言,由于没有统编的教材,当前提高教师项目管理的能力就显得尤为重要。项目提出的能力,项目任务分解的能力,项目执行的能力,项目评估的能力,所有这些都会影响到项目的运行效果和育人效果。

八、师资培训要新:自我研修+实践导师

新时代劳动教育的师资培训,要积极依靠各地的继续教育机构,开展提升专任劳动教育教师教育理论和业务实践培训,补齐短板。除此之外,也要学校发挥引导、统整作用,立足于学情、校情,与当地资源相结合,开发开设出有地域特色的劳动教育课程项目,采用边学习,边实践的实训、实培的教师自我研修加专业技术人员作为实践导师相结合的培训方式。培训

---

① 大中小学劳动教育指导纲要(试行)[J].教育科学论坛,2020(24):3-11.

② 大中小学劳动教育指导纲要(试行)[J].教育科学论坛,2020(24):3-11.

③ 祁永成.综合实践活动课程项目教学法的实践研究[A].黄沛.奠基未来,天津市中小学“未来教育家奠基工程”第四期学员结业论文集(四)[C].天津:天津教育出版社,2021:517.

内容也应积极提供包括智能教育技术在内的培训,提高教师的信息素养,以应对智能时代到来出现的劳动新形态和社会服务新变化。

第三节　新时代劳动教育以何立“新”

接下来提交的问题是新时代劳动教育以何立“新”,这是一个方式方法的问题。在我国,方式方法的探索从来不缺热情,以推进新时代劳动教育良性发展的为目标,以解决现实问题为导向的探索应该得到鼓励和提倡。

一、推进“五育”并举,互为融通

德智体美劳“五育”,既对立又统一。“五育”有着各自的育人价值和育人要求。但在教育实践中,教育对象从来都不是作为一个独立的、割裂的形式存在的,而是作为一个整体的全面的人而出现的,这就决定了我们的教育实践,既没有纯粹的德育,又没有纯粹的智育,而是“五育”共同作用,互为融通,共同完成培养德智体美劳全面发展的社会主义建设者和接班人的时代任务。

具体表现在“五育”上就是:德育教人向善,立德铸魂,是其他“四育”的灵魂。即我们培养的劳动者是要为党劳动为人民劳动;智育教人崇真,为其他“四育”的有效融合提供智力上的支持。即我们培养的劳动者具有建设社会主义强国的能力和本领;体育教人身心合一,为其他“四育”的持续生长提供身体和心理上的准备。即我们培养的劳动者具有“强筋骨,增知识，调感情，强意志”[①]的精气神；美育教人臻美[②]，为其他“四育”的身心面貌提供精神动力。即我们培养的劳动者具有发现美、维护美和创造美的精神面貌；劳动教育，教人通过合法劳动、诚实劳动、创造性劳动完成成为一名社会主义建设者和接班人的目标，是检验其他各育成果的唯一途径。

二、构建政府、学校、家庭和社会协同育人的新态势

当下劳动教育现状不是一朝一夕形成的，要改变这种现状，也非一朝一夕一蹴而就。《意见》和《纲要》，为新时代劳动教育的开展提供了基本遵循。但要落实到具体的孩子身上，还要相当长的路子要走。

有果必有因。当前出现的一些现象，归根到底，是出现在劳动教育的短板上。家庭没有提供给学生劳动的机会，加上现在的家长独生子女居多，自己也没有参加过劳动活动，这样难以保证正确的劳动价值观的传承和发扬；社会大环境唯考试，唯升学率，学校在应试教育和素质教育间疲于应付，难以发挥主导作用。

分类指导，各分其责。由易到难，由扶到放，调动各级各类参与主体的积极性，协同育人，共同服务于推进新时代劳动教育良性发展的新态势。政府统筹资源，核定编制，核定场地，解决师资不足，场地不足等问题，为新时代劳动教育的长效发展保驾护航。学校应该真正地将主导责任发挥出来，一是要组织专业人员编制家庭劳动教育指南，指导家长把身边的劳动机会重新还给学生。二是因校制宜，不搞一刀切，但也不能因为劳动教育的特殊性而止步不前。先要将劳动教育课程开起来，把劳动周开起来，短时间无法开齐开足的，也要定下时间表。三是眼光要放远，不应该局限于

---

① 孙葆丽，孙葆洁. 强筋骨　增知识　调感情　强意志——纪念毛泽东《体育之研究》发表 80 周年[J]. 中国学校体育，1997(02)：66-67.

② 2020 中国基础教育研究前沿与热点[J]. 人民教育，2021(02)：26.

校园内的自身那点资源，推动社会资源为我所用。推动馆校合作，推动校外优质资源进校园，为政府购买校外资源提供决策依据。教师继续教育培训中心、各级教研部门先让教学研究起来，组织教师教研学习，在各校的基础上组织编写区域统一教材，整体推进。全社会要积极营造风清气正，崇尚劳动的氛围，推动包括创造劳动新样态、创新服务岗位在内的各行各业涌现出的先进人物、劳动模范进校园，具身“劳动最光荣，劳动最崇高，劳动最伟大，劳动最美丽”的观念，让劳模精神、劳动精神和工匠精神深入人心。

三、下大力气补齐劳动教育的短板

（一）“劳”字当先

这就意味着劳动教育首先要提供真实的劳动机会，让学生参加劳动，在劳动过程中以“劳”育人，让学生“出力流汗、接受锻炼、磨炼意志”[①]，进而他们的提升劳动素养。当前重点推进劳动教室、劳动基地达标建设，需要政府创造条件补齐设施短板。

（二）重在培育

从幼儿抓起，构建指向大中小幼一体化纵向衔接的目标体系。抓住幼儿园可塑性强的特点，重点推进幼儿园的劳动教育。全国政协委员唐江澎说，在我看来，让幼儿园的孩子养成整理东西的习惯远比让他们早识字重要！[②]

---

① 大中小学劳动教育指导纲要（试行）[J]. 教育科学论坛，2020(24)：3-11.

② “网红校长”唐江澎：幼儿园孩子养成整理习惯比早识字重要！幼儿园园长联盟 https://mp.weixin.qq.com/s/Ll3W8Sz3cOOZCECQqcn6Jg.

从教师抓起,重点推进构建一支指向劳动素养提升的新时代劳动教育专业队伍。首先要维护好现任劳动教育教师的切实利益,让老师们抬起头来,平等施教,在教师职称评聘、评优评先、专业发展等方面与其他专任教师享受同等待遇。其次要巩固好现任劳动教育教师从教的积极性,配齐劳动教育专任教师,把劳动教育纳入教师培训内容,完善教研体系,开展课题研究。最后要利用好校外教育和高校的力量,聘请相关行业专业人士担任劳动实践指导教师,高校开设劳动教育相关专业,加强劳动教育师资培养。

从规范抓起,重点推进构建循序渐进,逐渐提升的教育教学质量评价体系。从日常常规做起,备好课,上好课,做好学生劳动记录。提倡教师每学期阅读一本劳动教育方面的书籍,每学期上一节校级以上的公开课,每学期写一篇教育教学的论文,每学期获得一次教研发言的机会。

(三)评价倒逼

重点推进劳动素养评价体系建设。一是建立健全考评制度。设计合理的考评量规,"全面客观记录课内外劳动过程和结果"①,保障信息真实可信,让评价站得住脚。二是建立健全激励制度。把劳动素养评价结果作为评优、评先的重要参考和毕业依据,作为高一级学校招生录取的重要参考或依据。让评价"硬"起来。三是强化劳动教育督导检查制度。"把劳动教育纳入教育督导体系"②,督导结果"作为衡量区域教育质量和水平的重要指标,作为对被督导部门和学校及其主要负责人考核奖惩的依据"③让评价"立"起来。

---

① 《中共中央国务院关于全面加强新时代大中小学劳动教育的意见》[N].人民日报,2020-03-27(1).

② 《中共中央国务院关于全面加强新时代大中小学劳动教育的意见》[N].人民日报,2020-03-27(1).

③ 《中共中央国务院关于全面加强新时代大中小学劳动教育的意见》[N].人民日报,2020-03-27(1).

总之,新时代劳动教育何以要“新”,“新”在何处,以何立“新”构建了新时代劳动教育开展的三重逻辑。它明确“我们从哪里来,我们现在哪里,又将走向何方?”的问题,具有实践的指向性。正确把握这三重逻辑,对贯彻落实《意见》和《纲要》精神,全面落实立德树人根本任务,对新时代劳动教育开展具有重大理论意义和实践价值。

第二章

多维视角下的新时代劳动教育

教育为国育才，为党育人。新时代劳动教育，是在回答“为谁培养人，培养什么的人，如何培养人”这个根本问题的背景下展开并组织实施的。要把今天的学生视为“实现未来中华民族伟大复兴中国梦的主力军”①。培养德智体美劳全面发展的社会主义建设者和接班人，就是要靠“五育并举，融合育人”的培养路径。关照“五育融合”视角下的新时代劳动教育，有利于劳动教育尽快补齐短板，实现劳动教育高质量的“又好又快”发展。

新时代劳动教育，是在中国学生发展核心素养颁布的背景下展开并组织实施的。核心素养着眼于培养能够适应终身发展和社会发展所需要的人才，说到底通过提升教育竞争力，以适应 21 世纪的社会变革，进而提升国家的综合国力，从而在未来全球竞争中站得先机。在这样背景下，从核心素养的视角观察劳动教育，有利于发现和加强劳动教育落实核心素养的比较优势，为 21 世纪素养导向的教育改革提供劳动教育的“方案”，为基础教育高质量发展提供劳动课程实践。

除此之外，一个显著目标就是要构建家、校、社协同育人的发展格局。这是因为家庭教育、社会教育是与学校教育并行的三种教育形态。离开了

① 习近平. 做党和人民满意的好老师——同北京师范大学师生代表座谈时的讲话[N]. 人民日报，2014-9-10.

哪一个,都无助于发挥出整体的育人效果。站在家庭教育、社会教育的角度审视劳动教育,有助于更好地发挥出各自有的功能,共同服务于家、校、社协同育人格局的形成。

进入新时代,世界教育发展格局发生了革命性的变化。在诸多变化的因素中,教学方式的变化具有先导性。从学习方式变革的视角看新时代劳动教育,对于构建"中国特色、世界水平"的现代教育,促进劳动教育吸收和应用当代先进教育教学成果,具有一定借鉴价值。

因此,多维视角审视新时代劳动教育,是为了选择合适的劳动教育载体,展开新时代劳动教育的伟大实践。

第一节　"五育"融合视角下的新时代劳动教育

"五育"融合即"五育并举,融合育人"的简称。它是新时代全面贯彻党的教育方针,发展素质教育、推动教育高质量发展的主要途径。从"五育"并举走向"五育"融合,探究学校"五育"融合的途径和方式,找寻劳动教育落实"五育"融合的比较优势,为劳动教育落实"五育"融合的实践创造良好的环境。

一、从"五育"并举到"五育"融合

(一)"五育"并举

"五育"即德育、智育、体育、美育和劳动教育的简称。2018 年,习近平总书记全国教育大会上提出培养德智体美劳全面发展的社会主义建设者

和接班人，并强调“要努力构建德智体美劳全面培养的教育体系，形成更高水平的人才培养体系”①。第一次从政策层面上把劳动教育纳入全面发展教育体系，确立“五育”并举 育人格局。

马克思关于人的全面发展的理论，是党领导教育事业的根本出发点。把学生在“五育”上的发展作为教育目的，让人的全面发展有了实践层面的抓手。

劳动教育的加入，让“四育”提升为“五育”，“五育”为社会主义建设者和接班人“画像”，使得我国教育发展的目标和任务更加全面。2021 年新修订的《中华人民共和国教育法》将“五育”上升到国家教育方针，反映党对教育“培养什么样的人”这一教育本质的新认识。这是受国内外环境变化，特别是国际产业链的前移，让设计、品牌等无形资产的核心竞争力凸显出来了，培养感受美、鉴赏美、表现美、创造美的人才就显得尤为重要。而这一切需要学校实施美育来达成，所以美育就进入了人才培养体系，进入了国家教育方针。当然随着经济的发展，我国综合国力的上升，博物馆、美术馆、音乐会进校园，国家大力推进馆校合作，美育有了更广阔的发展空间，让普通人也能得到美育的滋养。

与美育的发展相类似，劳动教育的发展（政策演变）也经历了多年的探索。教育与生产劳动相结合，与社会实践相结合，一直就是我党长期坚持的教育方针。尽管生产劳动与教育相结合到怎样程度，生产劳动应该在教学中占多大的课时等问题一直存在争论，但是无可否认的是作为生产劳动主要载体的劳动技术课也一直以这样或那样的形式存在于我国现存的教育体系中。鉴于劳动教育的“三化”问题（学校中“弱化”，家庭中“软化”，社会“淡化”）长期存在所带来的负面影响，出现了一些学生不爱劳动，不尊重普通劳动者，幻想一夜暴富，不珍惜劳动成果的现象，这种状况

① 习近平. 坚持中国特色社会主义教育发展道路 培养德智体美劳全面发展的社会主义建设者和接班人[N]. 人民日报，2018-09-11(1).

不利于青少年的健康成长,有损于青少年的精神面貌,长期看也不利于社会主义建设者和接班人的培养,严重影响我国教育目标的实现。鉴于这种现象,党中央、国务院审时度势,颁布《意见》,教育部出台《纲要》和《劳动课程标准》,重塑劳动教育的育人价值,把劳动教育纳入中国特色社会主义教育制度的重要内容,纳入党的教育方针。

笔者认为"四育"提升为"五育",不是做加法,也不是此消彼长。劳动教育可以为其他"四育"注入活力。可以发挥树德、增智、强体、育美的育人价值,其他"四育"也为劳动教育提供精神上和身体上的支持。有人会说学生的时间是一定的,用于学习的时间多了,用在体育上的时间必然就少了,用在体育上的时间多了,必然用在劳动教育上的时间就少了。这似乎进入了无解的怪圈。事实上,一个人整体上的全面发展是受多方面的因素影响。一个人在劳动教育中所养成的认真负责、吃苦耐劳、团结合作的劳动习惯和品质,势必会影响其在工作实践中精神面貌的表现和劳动技能水平的发挥。

(二)"五育"融合

"五育"融合即"五育并举,融合育人"的简称。2019 年发布的《中国教育现代化 2035》提出:"更加注重学生全面发展,大力发展素质教育,促进德育、智育、体育、美育和劳动教育的有机融合。"这是最早见于政策文本的关于"五育"融合的表述。其后中共中央国务院在《关于全面加强新时代大中小学劳动教育的意见》中,强调了劳动教育"与德育、智育、体育、美育相融合"。

从"五育"并举走向"五育"融合,是教育规律认识上的飞跃。"五育"并举,是教育目的,教育目标。解决的是"培养什么人"的问题;"五育"融合是教育手段,教育策略。解决的是"如何培养人"的问题。从"五育"并举走向"五育"融合,是教育政策、教育理论走向教育实践的必然。

(三)学校“五育”融合的途径和方式

所有的教育政策、教育理论,只有落实到课程,落实到学校,落实到课堂,落实到学生的身上,才有意义。“五育”融合也是如此。学校是离学生最近的地方,是教育教学最大的实践场,人才培养的主阵地。因此考察学校“五育”融合的途径和方式,形成更为具体、可操作性强的认知,更有利于指导教育教学的实践。

与学校文化制度的融合。着眼于学校和师生的长远发展和全面发展,从价值理念层面,坚定贯彻落实“五育并举,融合育人”的发展理念,在学校治理体系,教学组织管理制度、师生关系与交往方式等方面,对学生综合素质的养成起到“润物细无声”的熏陶作用。

与课程教学的融合。以核心素养为导向,以新近颁布的课程方案和课程标准为纲,设立跨学科主题学习活动,强化课程协同育人功能。劳动课程是国家开设一门综合课程、实践课程、活动课程,在推进“五育”融合方面具有优势。(本节第二部分将专门论述)

与课内课外活动,与校外社区服务的融合。开辟第二课堂和第三课堂,组建各类校内兴趣小组、社团活动;利用假日、重要节日、劳动周等开展跨学科的劳动主题教育实践活动,邀请劳模工匠进校园,开展劳动技能大赛;编制家庭劳动教育清单,鼓励家长和孩子一起开展日常生活劳动;依托博物馆、生态园、工作坊等场馆,开展馆校合作、研学旅行和社会服务活动。注意在活动前、活动中以及活动后,挖掘五育的结合点,在预设和生成中有机整合“五育”,在“五育”融合的实践中达成学生的全面发展和学校的特色发展。

二、劳动教育落实“五育”融合的创新性实践

（一）劳动教育落实“五育”融合的比较优势

前述学校“五育”融合的途径和方式，提到劳动课程是国家开设的一门综合课程、实践课程、活动课程，在推进“五育”融合方面具有优势。具体表现为：

一是劳动教育具有广阔的时空场域。《纲要》规定：“中小学每周课外活动和家庭生活中劳动时间，小学1至2年级不少于2小时，其他年级不少于3小时”。大中小学每学年设立劳动周这为劳动教育的开展提供了时间上的保证。《纲要》规定“丰富和拓展劳动实践场所”，除了充分利用现有综合实践基地、职业院校实训实习场所、学农实践基地、学工实践基地、服务性劳动基地之外，学校也要“逐步建好配齐劳动技术实践教室、实训基地，丰富劳动教育资源”。这样为劳动教育的开展提供了空间上的保证。

二是劳动教育几乎涵盖了人类社会的所有劳动。劳动教育以日常生活劳动、生产劳动和服务性劳动三类劳动为主要劳动内容，在此基础上细化为十个任务群，《劳动课标》要求有条件的地区和学校开齐开足这十个任务群的课程内容。

三是劳动教育具有以“劳”促全的综合育人价值。“劳以树德”“劳以增智”“劳以强体”“劳以育美”“劳以创新”，最终达到全面、全人的教育。2018年全国教育大会上习近平总书记提出的“六个下功夫”培养社会主义建设者和接班人。劳动教育可以助推落实“六个下功夫”，具体表现为：

马克思主义劳动观教育有利于坚定学生的理想信念；崇尚劳动、尊重劳动、增强对劳动人民的感情，报效国家，奉献社会的劳动情感教育，有利

于厚植学生的爱国主义情怀；劳动最光荣，劳动最崇高，劳动最伟大，劳动最美丽的劳动观念教育，有利于加强学生的品德修养；以劳动精神、劳模精神和工匠精神培育为主的劳动精神教育有利于增长学生的知识见识；以认真负责、吃苦耐劳的劳动习惯和品质教育有利于培养学生的奋斗精神；以增强体力、智力和创造力为主的劳动能力教育有利于增强学生的综合素质。

（二）劳动课程落实“五育”融合的创新性实践

劳动教育作为“五育”其中之一，理应把落实劳动教育重要途径的劳动课程做好、做大，这样才能发挥劳动教育的基础性、综合性的育人价值。

“新时代劳动课程项目”是本书为落实“五育”融合开展的创新性实践。全书在以下几个方面进行探索性的实践：

一是在劳动课程的设计上，注重课程的融合，以跨学科、跨主题扩充课程内容，构建课程+项目的课程体系。

二是在劳动课程实践方式上，注重让学生经历完整的劳动实践过程，综合运用“设计、制作、试验、淬炼、探究”①等方式，丰富学生的实践体验，助推学生劳动素养的养成。

三是在劳动课程的评价上，注重综合评价，坚持全程评价，全员评价，全方位评价，以评价促进劳动素养的形成，运用 UbD 逆向设计，构建评价量规，“以终为始”做到教、学、评一体化。

总之，通过“五育融合”推动教育高质量发展，是新时代教育的走向深入的新实践，新探索。从“五育”融合的视角审视新时代劳动教育，有利于劳动教育尽快补齐短板，更好地发挥对其他“四育”的综合育人价值。

---

① 中华人民共和国教育部制定编. 义务教育劳动课程标准 2022 年版[M]. 北京：北京师范大学出版社 2022. 05.

第二节　核心素养视角下的新时代劳动教育

进入新时代，全球政治、经济秩序发生了深刻而又复杂的变化，大国之间综合国力的竞争将愈演愈烈。新一轮科技革命和产业变革正在深刻地改变了传统的生产方式、社会结构和生活方式，包括新冠疫情在内的全球性的挑战层出不穷，许多悬而未决的难题尚未解决，又涌现出来的黑天鹅事件不断地挑战人们的神经，世界面临百年未有之大变局。

进入新时代，“教育的基础性、先导性、全局性的地位和作用更加突显”。为应对挑战，各国不断调整自己的教育政策，推进核心素养应用于教育实践，建构公平、高质量的教育体系正在成为各国教育政策的目标。

一、核心素养的发展历程

(一)重视核心素养的价值因果

“知识就是力量。”“教育改变人生。”“教育改变世界。”出于对这些“真理”的笃定，人们在推动历史前进的关键性人物的身上，发现了促使其走向成功的“基因密码”。这就是今天为人们广泛共识的那些关键能力和必备的品格，简言之就是核心素养。核心素养可以通过后天的教育获得的，这一点也为人们所公认。这就是我们重视核心素养的价值因果。

(二)两大国际组织对核心素养的探索

在核心素养的发展历程中，典型的具有广泛影响力的是OECD(国际经济合作与发展组织)与UNESCO(联合国教科文组织)两大国际组织的探索。

早在20世纪90年代,OECD启动了"素养的界定与遴选:理论和概念基础"项目,提出了三个维度共九项素养。2003年OECD在其研究报告《核心素养促进成功的生活和健全的社会》中使用了"核心素养"一词。这也是见于文献中的首次记录。以后的2009、2013与2015年该组织开展了针对核心素养发展状况的后续研究。OECD发现,劳动力市场的需求和供给总是存在不平衡的现象,这是因为各国劳动力市场的变化引发了对劳动者技能和素养变化的需求,而这种供给普遍滞后于需求的变化,因此需要教育做出调整帮助学生发展跟得上这种需求变化的各项素养。从此角度而言,OECD下的核心素养,本质上是为了把学生培养成提高生产率的工具,是一种"工具性目标"。

与OECD不同,UNESCO则强调终身学习为目标的核心素养体系,是一种"人本性目标",它让人的情感、智力、身体、心理诸方面的潜能和素质都能通过学习得以发展。2013年2月,UNESCO在其《走向终身学习——每位儿童应该学什么》的报告中指出,在基础教育阶段应该重视七个维度的核心素养:即身体健康、社会情绪、文化艺术、文字沟通、学习方法与认知、数字与数学、科学与技术等。但是二者都认为核心素养是一个不断完善的、动态发展的素养体系。

(三)中国学生发展核心素养

在我国,核心素养最早见于2014年4月教育部印发《关于全面深化课程改革落实立德树人根本任务的意见》,该文件要求研究制定各学段学生发展核心素养体系。2016年9月《中国学生发展核心素养》正式发布。学生发展核心素养主要是指学生应具备的,能够适应终身发展和社会发展需要的必备品格和关键能力。它将学生核心素养概括为:一个核心,三个维度,六大素养,十八个要点。如图 2-1-1 所示。

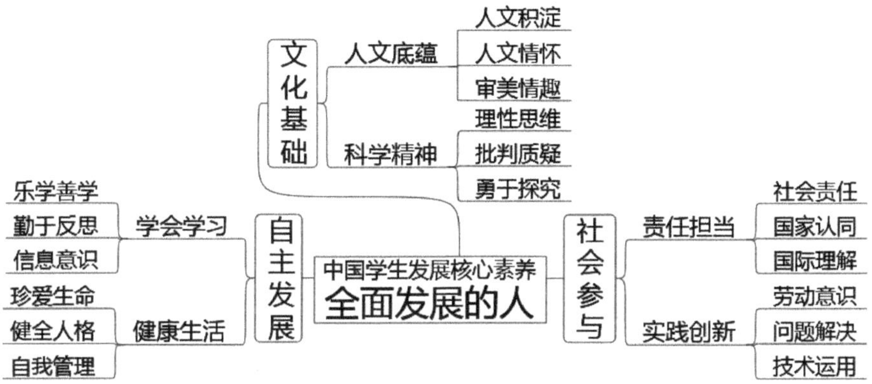

图 2-1-1　中国学生发展核心素养框架图

之后教育部开启了学科核心素养导向下的课程标准的研制工作。《普通高中课程方案(2017 年版 2020 年修订)》以及 2022 年义务教育课程标准的印发,标志着核心素养已经进入全面实施阶段。

需要指出的是,在 2022 年义务教育课程标准的前言中,对核心素养的表述有了进一步阐释。"聚焦中国学生发展的核心素,培养学生适应未来发展的正确价值观、必备品格和关键能力,引导学生明确人生发展方向,成长为德智体美劳全面发展的社会主义建设者和接班人。"这样在原来强调的"必备品格"和"关键能力"两大要素的基础上,增加了"正确价值观"的表述。

我们认为这样的改变说到底是由我国教育的根本目标决定的。"培养什么人、怎样培养人、为谁培养人"是教育的首要问题。"正确价值观"即"社会主义核心价值观",要"把培育和践行社会主义核心价值观融入国民教育体系""发挥教育在培育和践行社会主义核心价值观的基础作用"。

二、核心素养视角下的新课程标准

2022年版义务教育课程标准是中国学生发展核心素养视角下的新课程标准。具体体现为以下几个方面：

一是将核心素养细化为各学科核心素养。为体现正确价值观、必备品格和关键能力的核心素养的培养要求，基于我国教育的培养目标，将核心素养细化为各学科课程应该着力培养的学科核心素养。即明晰本学科独特的育人价值，坚持正确的育人导向。这是通过课程改革落实核心素养，落地教育实践的具体途径。

二是基于核心素养发展要求优化课程内容结构。内容要与育人目相一致，选择“重要观念、主题内容和基础知识”；结构上要加强学科间的联系，推动“课程综合化实施，强化实践要求”。

三是通过教育评价落实核心素养。这就是研制出各学科不同学段学业成就的质量标准，为教学实践、考试评价提供依据。

三、核心素养视角下的新时代劳动教育

（一）核心素养落地新时代劳动教育

在中国学生发展核心素养体系中，实践创新素养是六大素养之一，其包含有劳动意识，问题解决，技术运用三个要点。其中劳动意识的表述为：

尊重劳动，具有积极的劳动态度和良好的劳动习惯；具有动手操作能力，掌握一定的劳动技能；在主动参加的家务劳动、生产劳动、公益活动和社会实践中，具有改进和创新劳动方式、提高劳动效率的意识；具有通过诚实合法劳动创造成功生活的意识和行动等。

这里提到了劳动态度、劳动习惯、劳动技能、诚实合法劳动与其后颁布的《意见》《纲要》以及《劳动课标》中提到的劳动观念、劳动能力、劳动习惯和品质、劳动精神,在表述上是一脉相承的,在内涵上是一以贯之,相互关联的。可以说,是对先前核心素养中的"劳动意识"的进一步发挥,将劳动观念、劳动能力、劳动习惯和品质、劳动精神明确定位为劳动课程要培养的核心素养(劳动素养)。

这里提到了家务劳动、生产劳动、公益活动和社会实践与其后颁布的《意见》《纲要》以及《劳动课标》中提到的三大类劳动,即日常生活劳动、生产劳动、服务性劳动,在表述上是一脉相承的。为方便操作指导教学实践,《劳动课标》又进一步将这三大类劳动细化为十大任务群。这也是核心素养导向课程实践的体现。

更有甚至,在研发中国学生发展核心素养之时,那些大家们恐怕也没有想到核心素养体系中的一个"劳动意识"要点(18 个要点)会催生出一个《意见》,一个《纲要》,进而发展出一个课程(劳动课程)。这在教育学科体系建设中是独一无二的。

(二)核心素养落地新时代劳动课程

劳动课程实施劳动教育的重要途径,在劳动教育中发挥主导作用。因此考察核心素养视角下的新时代劳动教育,就自然转换为考察核心素养视角下的新时代劳动课程,看核心素养如何在劳动课程中落地。

劳动课程标准是义务教育课程方案的一门课程标准,因此上文提及的"核心素养视角下的新课程标准"中有关课程落实核心素养的途径同样适用于劳动课程,此处不再赘述。

1. 劳动课程核心素养内涵

在《劳动课标》中,劳动课程核心素养内涵表述为劳动素养。主要可概括为正确的价值观、必备品格和关键能力三个维度,再细化为劳动观念、劳动能力、劳动习惯和品质、劳动精神四个方面。《劳动课标》将此四个方面的关系概述成“相互联系,相辅相成,构成一个有机整体。”

2. 核心素养在劳动课程中的体现

具体地讲,核心素养在劳动课程中的体现为以下三个方面:

(1)正确的价值观

核心素养之正确的价值观维度,在劳动教育,乃至劳动课程中体现在劳动观念的培养上。其现实意义在于正确认识马克思主义劳动观的科学内涵,发挥劳动的育人功能。

当前存在一个普遍现象是有劳动无教育。我们知道尽管劳动本身也具有一定教育价值,但这种教育价值如果缺乏有效的正向引导,有可能走向反面。有的人参加劳动之前可能还对劳动心生向往,参加劳动后由于经历劳动的艰苦而产生厌恶劳动、躲避劳动的心理。不仅没有加强劳动之于个人成长、家庭幸福、社会进步、国家富强和人类发展的重要意义的认知,相反产生不爱劳动,不热爱普通劳动者,不珍惜劳动成果的错误认知。因此,劳动课程必须坚持正确的价值引领,强化劳动课程的教育设计,发挥劳动的育人功能,注重劳动精神的培育,促进劳动育人价值的实现。

(2)必备品格

核心素养之必备品格维度,落实到劳动教育,乃至劳动课程中就是劳动习惯和品质、劳动精神的培育上。这是因为:

劳动是人之为人的存在方式,在劳动的过程中产生了教育。教育既有外化为实物的劳动成果及劳动规律的正确认识,也有内化为劳动者自身习得劳动技能,积累劳动经验,积淀劳动品质,形成劳动习惯。

作为冠以“劳动”之名称的一门课程,在培养学生必备品格方面具有其他课程不可比拟的优势。在现代化的工厂车间从事生产劳动,更有利于培养劳动者形成安全劳动、规范劳动的习惯;在家庭中从事日常生活劳动,更有利于培养劳动者继承中华民族勤俭节约、甘于奉献的优良传统;在社区服务性劳动中，更有利于培养劳动者认真负责、团结合作、爱岗敬业的奋斗精神。

(3)关键能力

核心素养之关键能力维度，落实到劳动教育，乃至劳动课程中就是劳动能力。

《劳动课标》指出："劳动能力就是解决某一任务的胜任力，是个体劳动观念、劳动技能、劳动习惯和品质以及劳动精神的综合表现。"因为劳动工具是生产力中最具有决定的因素，所以正确、合理选择使用劳动工具就成为劳动能力的主要指标。其他为某些国际组织所倡导的如设计能力、创造能力、操作能力及团队合作能力，也是劳动能力应有的范畴。

另外劳动能力的内涵也随时代不断发展。在发挥传统劳动、传统工艺项目所蕴含的独特育人智慧价值的同时，适当增加体现新形态、新技术、新工艺的现代劳动内容。《劳动课标》的十个任务群中就包含了"新技术体验与应用"的任务。

(三)新时代劳动课程落实核心素养的比较优势

一是劳动课程本身具有显著的实践性，动手实践是劳动课程实施的主要方式，是区别于其他课程的最大的特点。让学生出力流汗，接受锻炼、磨炼意志是当前实施劳动教育的重点。

二是劳动课程构建了以实践为主线的课程结构。劳动项目为载体，劳动任务群为基本实施单元，经历完整的劳动过程。这是其他任何学科课程所没有的课程结构。

三是劳动课程加强与学生生活和社会实际的联系。三类劳动涵盖了劳动实践的方方面面，从农村到城市，从田间地头到现代化厂房，从时令节气到区域产业特色，因地制宜、宜工则工、宜农则农。这是自主性、开放性的体现。这是其他任何学科课程所无可比拟的联系。

总之,抓住了劳动课程落实劳动教育这一重要途径来落地核心素养,就等于抓住了核心素养落地劳动教育的“牛鼻子”。当然还应该考察核心素养落地劳动教育的其他途径,具体问题具体分析。这是因为除了劳动课程这一必修课程之外,劳动教育还有其他方面的落实途径。如在其他学科中有机渗透劳动教育,增强学科与劳动的联系,学科与产业、工种的联系;在劳动周开展的劳动实践活动中落实劳动教育,要依照基地劳动项目主题所设定的劳动实践内容来落实核心素养;在家庭教育中落实劳动教育,要注重发挥家长的积极性,构建家庭劳动教育清单,注重劳动习惯养成和家务知识和技能的习得。在社会服务中落实劳动教育,重视主题节日活动,参加志愿服务和公益劳动,增强社会责任感。在职业体验教育中落实劳动教育,体验劳动者的艰辛和快乐,懂得幸福是靠劳动创造的劳动观念,了解职业分类,做好职业规划。

第三节　家庭教育视角下的新时代劳动教育

进入新时代,教育的内部和外部环境都发生了很大的变化。家庭教育、社会教育受到重视。那种教育专指学校教育的认识显然是窄化了教育,无疑夸大了学校教育的地位和作用。伴随着社会经济发展水平的提高,一些非教育教学任务逐渐占据了学校较大部分的精力,直接导致了学校在满足人民群众对更加公平、更高质量的教育的需求和期待等方面力不从心。资本裹挟下的校外教育机构大行其道,助推了全社会对教育的焦虑。

教育的许多事情,看似发生在学校,其实根源在家庭,在社会。离开了家庭和社会的支持，学校教育的教育效果往往大打折扣[①]。2021 年 10 月 23 日，十三届全国人大常委会第三十一次会议通过了《中华人民共和国家庭教育促进法》，这是我国在家庭教育领域里的第一部法律，反映了党和政府在进入新时代后对教育规律的新认识。在该法里，我们欣喜地看到，家庭教育由原来的“家事”，上升到“国事”，上升到关乎每一个孩子的成长和家庭的和谐，关乎社会主义建设者和接班人的培养，关乎国家发展、民族进步、社会稳定的高度。《中华人民共和国家庭教育促进法》对家庭如何履责，国家如何支持，社会怎样协同，各方履责不到位的法律责任也作了明确规定。

基于以上认识和法律规定，我们认为学校教育比以往任何时候更加迫切需要和家庭教育、社会教育一道协同育人，完成培育担当民族复兴的时代新人的根本任务。

劳动教育是中国特色社会主义教育制度的重要内容。劳动教育是国民教育体系的重要内容[②]。因此，劳动教育也需要和家庭教育、社会教育一道协同育人，完成国家赋予劳动教育的时代任务。

2020 年被称为“劳动教育落地年”[③]。这一年，国家出台了一系列的文件，对劳动教育进行了系统设计和全面部署，全国各地相继在政策理论的指导下开展了一系列劳动教育的新探索，成效显著。“家庭、学校、社会一体化的劳动教育格局正在逐渐形成，劳动教育综合育人效应正在显现。”[④]众所周知，劳动教育离不开家庭教育，探讨劳动教育融于家庭教育的实践

---

① 郑金洲. 新时代我国教育改革发展的运行逻辑[J]. 中国教育学刊，2020(07).

② 《中共中央国务院关于全面加强新时代大中小学劳动教育的意见》[N]. 人民日报，2020-03-27(1).

③ 李帆，钱丽欣，邢星. 2020 年中国基础教育研究前沿与热点人民教育 [J]. 人民教育，2021(02)：26-35.

④ 李帆，钱丽欣，邢星. 2020 年中国基础教育研究前沿与热点人民教育 [J]. 人民教育，2021(02)：26-35.

与思考,对于构建"家庭、学校、社会一体化"的劳动教育格局,"健全学校家庭社会协同育人机制" 具有现实意义。

一、劳动教育融于家庭教育的必要性

进入新时代,党和国家对劳动教育进行了系统设计和全面部署,"把劳动教育纳入人才培养的全过程""贯穿家庭、学校、社会各方面""家庭要发挥在劳动教育中的基础作用"[①]。这为劳动教育融于家庭教育提供了基本遵循。

劳动教育离不开家庭教育。《意见》指出,日常生活劳动教育是劳动教育的重要组成部分。其主要目的在于"让学生立足个人生活事务处理,培养良好生活习惯和卫生习惯,强化自立自强意识" [②]。这说明家庭和日常生活劳动教育的紧密性,离不开家庭这个实践场所。如果缺少这个场所,个人的生活习惯和卫生习惯的养成,就成了无稽之谈。

除了日常生活劳动之外,生产劳动和服务性劳动这两类劳动教育,同样也离不开家庭教育的支持。从全国各地因地制宜的实践来看,农村的家庭天然拥有了让孩子在土地上经历农业生产中创造财富的过程,同样城里的家庭也拥有让孩子在学工实践基地体验新技术、新工艺、新方法的劳动以及参加一些社区公益劳动和志愿服务的机会。

---

① 《中共中央国务院关于全面加强新时代大中小学劳动教育的意见》[N].人民日报,2020-03-27(1).

② 《中共中央国务院关于全面加强新时代大中小学劳动教育的意见》[N].人民日报,2020-03-27(1).

二、劳动教育融于家庭教育的可行性

(一)时间和空间上的保证

除去在校的时间,学生大部分时间都在家庭中度过,这为日常生活劳动教育的开展奠定了时间和空间上的保证。学生个人生活事务的处理,良好卫生习惯的培养,自立自强意识的树立是贯穿于学生的一生教育。良好的个人劳动习惯和品质,不仅会惠及每个人、每个家庭,更会惠及整个社会。在2020年疫情期间,利好的消息是线下培训停止,教育部出台了《关于中小学延期开学期间"停课不停学"有关工作安排的通知》,这从客观上减轻了学生的学业负担,为劳动教育的开展创造了条件。我们开展的"编中国结,表学子情"劳动教育课程项目,在居家线上学习的情况下,在项目课程化的实施中,取得了比在校学习"学得更好、更有意义"的效果。以美篇发布为例,其中班级美篇20篇,个人美篇6篇。特别是5月11日下午在医院举办的护士节表彰大会上,五位同学代表受邀,带着大家的作品,带着学子们的深情厚谊,将自己编制的中国结送给了心中的英雄——援鄂护士们。

(二)组织上保证

日常生活劳动教育是建立在亲子关系之上,这为劳动教育的开展奠定了稳定、牢固、长久的组织保证。推动家长和孩子共同参与劳动是保证日常生活劳动教育持续开展(发生)的关键。

(三)家庭开展劳动教育的优势

家庭教育是与学校教育、社会教育并列的三种教育形态。从"父母是孩子的第一任老师”，我们就知道家庭教育的重要性。“家庭教育方式具有个性化，拥有开展德育、劳动教育以及情感教育的优势。”①这是因为：

第一，家庭是社会的细胞，社会中的各行各业都会映射到家庭。这种差异化的资源为劳动教育的个性化开展提供了极好的条件。俗话说：“三百六十行，行行出状元。”发挥父母的专业优势，因势利导，开展个性化的劳动教育，让孩子获得初步的职业体验，这既有利于促进孩子的全面发展，又利于劳动教育本身的丰富和发展。

第二，家庭是开展日常生活劳动教育天然的实践场所，但不仅限于日常生活劳动教育。与日常生活劳动教育有关的一切教育活动，像洗衣做饭，家庭清扫、收纳整理，编织刺绣，养花种草、摄影摄像等都可以在家庭让孩子动手。与生产劳动和服务型劳动有关的部分教育活动，也可以发生在家庭，这样也就部分地解决困扰多年的劳动教育缺工具、设备等问题。

第三，家庭是联系成员间的情感纽带，而身体力行的劳动是一种最直接最有效的示范，具有言传身教的榜样带动作用。这不仅有利于劳动规范程序和技艺的传承，劳动能力的提高，而且更重要的是家庭成员间在劳动中更容易传递劳动观念、劳动品质和劳动精神。

三、学校如何指导家庭开展劳动教育

（一）学校和家庭，围绕学生，相向而行，形成共育合力

前述劳动教育融于家庭教育的必要性和可行性，并不意味着要把劳动教育的全部责任推给家庭。《意见》对家长、学校和社会在劳动教育中发挥的作用有明确界定：家庭要发挥的基础作用，学校要发挥主导作用，社会

① 李帆，钱丽欣，邢星. 2020年中国基础教育研究前沿与热点人民教育［J］. 人民教育，2021(02)：26-35.

要发挥支持作用。[1]“引导家长树立正确的劳动观念,支持配合学校开展劳动教育。”而在其后教育部颁布的《纲要》对这种家庭、学校、社会责任有了更进一步的表述:“中小学要推动建立以学校为主导、家庭为基础、社区为依托的协同实施机制,形成共育合力。”

但在教育实践中,我们也发现,“教育的诸多问题表现在学校,根子可能在社会、在家庭。学校对学生发展的主导作用有很多条件限制,没有其他机构或社会组织的配合,主导地位就可能丧失,作用也就难以发挥。”[2]劳动教育的实践也不例外。受大环境唯考试、唯升学率的影响,许多家庭认为孩子只要好好学习就可以,没有必要浪费时间在做家务劳动上,因此没有给孩子劳动的机会,加上现在的独生子女居多,自己本来也没有参加多少劳动,很难保证正确的劳动价值观的传承和发扬。离开了家庭教育,离开了家长的支持,学校开展劳动教育无异于釜底抽薪,学校难以发挥主导作用。

同时,我们也发现,即使家长支持劳动教育,但很多家长不知道在劳动过程中怎样指导孩子,缺方法、缺技巧,忽略了劳动习惯、劳动价值观和劳动品质的培养。

基于以上两个方面的实际,我们认为,家长和学校,唯有合作、各分其责、共享成果,才能让劳动教育贺家庭教育走上健康发展的轨道,达到互为支持、相得益彰的教育效果。家庭真正将基础作用发挥出来,学校也应该真正地将主导责任发挥出来。学校在指导家庭开展劳动教育活动时,应充分发挥家庭教育在落实劳动教育方面的优势,扬长避短,一要“引导家长树立正确的劳动观念,明确家长的劳动教育责任,指导和督促孩子完成家

---

① 中共中央国务院关于全面加强新时代大中小学劳动教育的意见[N].人民日报,2020-03-27(1).

② 郑金洲.新时代我国教育改革发展的运行逻辑[J].中国教育学刊,2020(07).

庭劳动任务"①。二是要组织编制家庭劳动教育指南,安排进阶式劳动任务,先扶后放,指导家长把身边的劳动机会重新还给学生。

(二)在项目的实践中提升学生的劳动素养,提高学校在劳动教育中主导作用发挥的能力

劳动教育是发挥劳动的育人功能,对学生进行热爱劳动、热爱劳动人民的教育活动。劳动教育不能仅停留在课堂上讲劳动,而让学生走出教室,动起来,干起来。其基本理念有:"领悟劳动的意义价值""亲历实际的劳动过程""关注学生劳动过程中的体验和感悟""注重运用所学知识解决实际问题",由此可见,动手实践,体验学习,"做中学",项目式学习应成为劳动教育的主要实施方式。在其后印发的《劳动课标》中明确指出:"劳动项目是落实劳动课程内容及其教育价值……的重要实施载体。"所以学校在指导家庭落实劳动教育的实践中,也应采取劳动项目,注重"真实的个人生活、生产和社会性服务任务情境"下的问题解决,强调整合性,以项目驱动,防止碎片化实施。

1. 发挥劳动的育人功能,立德树人,保证项目正确的育人导向

新时代劳动教育直接决定了社会主义建设者和接班人的劳动精神面貌、劳动价值取向和劳动技能水平。一方面表明了加强劳动教育的重大意义,另一方面也表明了劳动教育课程的核心素养。劳动教育课程的核心素养表现在劳动精神面貌、劳动价值取向和劳动技能水平这三个维度上。《劳动课标》又将其细化为劳动观念、劳动能力、劳动习惯和品质、劳动精神四个方面。因此新时代的劳动教育,必须围绕以上三个维度、四个方面,看项目是否具有鲜明的思想性,是否具有突出的社会性,是否具有显著的实践性。思想性考察的要点是看项目是否贯彻马克思主义劳动观,"强调

---

① 大中小学劳动教育指导纲要(试行)[J]. 教育科学论坛,2020(24):3-11.

劳动是一切财富、价值的源泉，劳动者是国家的主人，一切劳动和劳动者都应该得到鼓励和尊重；倡导通过诚实劳动创造美好生活、实现人生梦想，反对一切不劳而获、崇尚暴富、贪图享乐的错误思想”①；社会性考察的要点是看项目是否“加强学校教育与社会生活、生产实践的直接联系”。“引导学生认识社会，增强社会责任感；同时注重让学生学会分工合作，体会社会主义社会平等、和谐的新型劳动关系。”②实践性考察的要点是看项目是否为“面向真实的生活世界和职业世界”，“引导学生以动手实践为主要方式，在认识世界的基础上，获得有积极意义的价值体验，学会建设世界，塑造自己，实现树德、增智、强体、育美的目的”③。

除了以上共性要求以外，家庭开展劳动项目还应该尊重家庭教育的规律，在时间、空间的选择上，一般建议选择在寒暑假或者节假日期间进行，推动家长和孩子共同参与项目，保证项目及时完成。持续时间过长，或者断断续续开展，都不利于项目任务的达成；在实践方式的选择上，以动手实践为主，鼓励学生尝试新方法，利用新工具、新技术开展劳动实践，提升劳动能力。

如我校师生在寒假期间开展的“居家生活小匠人”劳动项目为例（以下简称“小匠人”），项目开场白表述为：幸福都是奋斗出来的，伟大复兴的中国梦要靠劳动来实现。劳动创造美好生活，劳动成就人生梦想。这其中，劳动工具的作用功不可没。这为项目奠定了正确的基调，保证了项目正确的育人导向。

2. 在项目的实施上，先扶后放，发挥线上优势，开好三个“会”

（1）开好启动会

思想是行为的先导。启动会是思想会，观念变革会，着重解决为什么

① 大中小学劳动教育指导纲要（试行）[J]. 教育科学论坛，2020（24）：3-11.
② 大中小学劳动教育指导纲要（试行）[J]. 教育科学论坛，2020（24）：3-11.
③ 大中小学劳动教育指导纲要（试行）[J]. 教育科学论坛，2020（24）：3-11.

做的问题。在启动会上，教师要向学生和家长建构项目实施的必要性和可行性。目前，虽然社会对教育的关注度越来越高，家长对孩子接受良好教育的需求越来越强烈，但我们也要清醒地认识到家长的行为取向不见得和学校的价值取向一致。这需要我们在启动会上，讲明国家的大政方针，讲明开展劳动教育的意义，《意见》和《纲要》是学校开展劳动教育的基本遵循。在“居家生活小匠人”课程项目的启动会上，笔者以“劳动教育创造未来”为题，向家长和学生盘点了近五年来党和国家出台的系列政策，特别是习近平总书记在五一劳动节、教师节等不同场合下发表的关于劳动教育的重要讲话，向家长阐明劳动教育缺失带来的种种危害，让家长认识到劳动教育与其他四育的辩证关系，引导家长树立正确的劳动价值观。

启动会也是布置会，着重解决做什么、如何做的问题。教师要言简意赅，善于运用图表辅助说明。“居家生活小匠人”课程项目的启动会上，我们编制项目课程地图，将项目任务进行分解，预设了项目评价量规，成果表达方式，成果上交时间方式，达到整体建构、分阶段任务驱动，核心任务和项目成果相互映射相互推动的效果。项目地图为项目的计划、组织实施、评价提供了依据。它既是方向又是目标，调控整个项目开展的走向。

(2)开好线上指导会

家庭劳动教育的实施，开展线下辅导，既不现实又不可行。我们发挥线上教研的优势，每周可固定时间进行网络教研，除了补充项目运行所需要的基本技能之外，主要还有：帮助学生制订项目活动方案，解决项目实施中学生遇到的困难，树立榜样，及时发现项目中的亮点，表扬先进，鞭策后进。另外我们还鼓励学生自己开展组内教研，将两个或多个家庭通过教研活动连接起来。

(3)开好项目结项会

项目运行，一个常见的现象就是虎头蛇尾，或者不了了之。为避免项目流产，召开结项会是必要的。家庭劳动教育项目由于其表现的实践性、活动性、跨学科性以及师生“互为主体，互为成全”的双主体性的特点，项目的结项就显得更加必要。教师展示项目成果，注重从劳动精神面貌、劳动价值取向和劳动技能水平这三个维度上分析反思，是整体面上的概括；访谈家长和学生，可从劳动技能的习得，劳动观念的培养，劳动品质的养成，孩子参与项目先后的变化，亲子关系中情感的变化等方面分享交流，是具体点上的佐证。最后邀请学校领导点评，通常会起到画龙点睛的效果。

总之，劳动教育融于家庭教育，开发实施劳动教育课程项目，既是落实《意见》和《纲要》的内在要求，又是家校协同育人的现实要求。以学生为中心，学校和家庭合力开展劳动教育，各分其责、共享成果，才能让劳动教育、家庭教育走上健康发展的轨道，达到互为支持、相得益彰，协同育人的教育效果。

第四节　社会教育视角下的新时代劳动教育

社会教育有广义和狭义两种含义。广义上说，发生、影响于个人身心发展的一切社会活动都可以统称为社会教育；狭义而言，社会教育是除学校教育和家庭教育之外的第三种教育形态。发生于工厂企业等生产劳动场所，政府、图书馆、文化馆等社会事业单位，宾馆、酒楼、娱乐设施等服务性场所等一切社会活动都属于社会教育范畴。伴随着当今世界的新一轮大发展大变革，世界多极化、经济全球化、社会信息化、文化多样化深入发展，教育与经济社会发展更为紧密，终身学习、全民学习的理念深入人心，教育治理体系迫切需要吸收社会多方参与，广泛开展合作，“确保包容、公平和有质量的教育，促进全民享有终身学习的机会，正成为世界教育发展的新目标”[①]。因此，社会教育的价值日益凸显，其地位和作用正越来越受到人们的重视。

良好的社会教育对学生的成长成才具有不可替代的作用。朴素淳朴的民风，风清气正的社会氛围，都会对学生产生直接或间接的影响。组织学生参观博物馆、历史人物纪念馆，组织学生参加学农实践基地、生产劳动和服务性劳动的实践场所，组织学生参观劳模工作室、技能大师工作室等，这些社会教育活动都会对学生思想品德的养成产生直接影响，对学生劳动技能的习得、劳动观念和品质的养成产生直接影响，对学生劳动精神的塑造产生直接影响。良好的社会教育对学校教育作用的发挥具有十分重要的支持作用。由于各种主客观条件所限，学校教育在满足学生全面发展和个性化发展方面的能力仍然不足，这就需要社会教育发挥支持作用。良好的社会教育对学习型社会的建设具有正向的积极作用。现代社会，学习成为人们生存和发展的基本生活方式。早期教育、职业培训教育，老年大学等社会教育机构的发展，为建设学习型社会起到了正向的推动作用。

进入新时代，党和国家十分重视劳动教育的作用。《意见》指出：劳动教育“直接决定社会主义建设者和接班人的劳动精神面貌、劳动价值取向和劳动技能水平”。“对此，全党全社会必须高度重视，采取有效措施切实加强劳动教育。”[②]这为劳动教育和社会教育的融合开展提供了基本遵循。

一、劳动教育融于社会教育的必要性

劳动教育具有突出的社会性。这是因为劳动发挥着联结个人和社会之间的纽带作用。个人只有在劳动中才会了解社会，了解社会运行的机

---

① 本书编写组. 习近平总书记教育重要论述讲义. 习近平总书记教育重要论述讲义.［M］北京：高等教育出版社，2020.

② 中共中央国务院关于全面加强新时代大中小学劳动教育的意见［N］. 人民日报，2020-03-27(1).

制，学会分工与合作，体认社会主义社会平等和谐的新型劳动关系。

劳动教育离不开社会教育。《纲要》指出，服务型性劳动是劳动教育的重要组成部分。其主要目的在于“让学生利用知识、技能等为他人和社会提供服务，在服务性岗位上见习实习，树立服务意识，实践服务技能；在公益劳动、志愿服务中强化社会责任感”[①]。这说明社会教育和服务性劳动教育的紧密性。离开了社会这个实践场所，开展服务性劳动，主动服务他人、服务社会，就成了无稽之谈。

二、劳动教育融于社会教育的可行性

进入新时代，为构建家、校、社协同育人的育人格局，国家制定一系列的政策，拓展劳动实践的场所，设置劳动教育实践的时间，建立共享机制，着力打通学校教育和社会教育之间壁垒。这为劳动教育融于社会教育提供了可行性。

（一）国家顶层设计，提供政策支持，拓展拓宽劳动实践的场所

如新修订《中华人民共和国教育法》第五十一条规定：“图书馆、博物馆、科技馆、文化馆、美术馆、体育馆（场）等社会公共文化体育设施，以及历史文化古迹和革命纪念馆（地），应当对教师、学生实行优待，为受教育者接受教育提供便利。”

又如《纲要》指出：“地方教育行政部门要加强实践基地建设，强化资源统筹管理，建立健全校内外综合实践活动课程资源的利用与相互转换机制，强化公共资源间的相互联系和硬件资源的共享，为学校利用校外图书馆、博物馆、展览馆、科技馆、实践基地等各种社会资源及丰富的自然资源提供政策支持。”

① 大中小学劳动教育指导纲要（试行）[J]. 教育科学论坛，2020(24)：3-11.

再如《意见》指出:“充分利用现有综合实践基地、青少年校外活动场所、职业院校和普通高等学校劳动实践场所,建立健全开放共享机制。农村地区可安排相应土地、山林、草场等作为学农实践基地,城镇地区可确认一批企事业单位和社会机构,作为学生参加生产劳动、服务性劳动的实践场所。”以满足各级各类学校多样化劳动实践需求。

(二)调整国家教育课程体系,设置劳动教育课程

《意见》规定:“在大中小学设立劳动教育必修课程。”明确规定课外校外活动的劳动时间:“中小学劳动教育课平均每周不少于1课时”“职业院校开设劳动专题教育必修课,不少于16学时”“普通高等学校可在已有课程中专设劳动教育模块,也可专门开设劳动专题教育必修课程,本科阶段不少于32学时”。

《纲要》着力加强课外校外活动的劳动实践,细化为:“中小学每周课外活动和家庭生活中的劳动时间,小学1年级、2年级不少于2小时,其他年级不少于3小时。”

(三)整合实施中小学劳动教育的必修课实践环节与综合实践活动的重叠部分

如社会服务类,倡导学生积极参与公益活动、志愿服务、勤工俭学等活动以及助残、敬老、扶弱等服务性劳动;又如设计制作类,倡导学生运用工具、工艺将自己的创意转化为物品或作品,如陶艺创作等;再如职业体验类,希望在实际工作岗位上见习、实习,体认职业角色,培养职业兴趣,形成正确的劳动观念和人生志向,提升生涯规划能力,如学工、学农等。

三、学校如何引导社会开展劳动教育

(一)树立大劳动观念以及开门办劳动教育的理念

进入新时代,在一些青少年中出现不珍惜劳动成果、不想劳动、不会劳动的现象,崇尚暴富、贪图享乐、不劳而获等错误思想甚嚣尘上。劳动立身,劳动持家,劳动育人,劳动建设世界,劳动塑造社会,劳动创造价值等观念受到挑战,这需要国家、社会、学校、家庭四个层面协同育人,共同营造风清气正的社会风气。

马克思主义是我国立党立国的根本指导思想①。马克思主义劳动观是马克思主义的基本立场,必须将马克思主义劳动观教育贯彻落实到生活的方方面面,成为社会主义社会公民的价值要求。习近平总书记在继承马克思主义劳动观的基础上,在关照现实和时代变革的基础上对劳动教育进一步做了创造性的阐述。“要在学生中弘扬劳动精神,教育引导学生崇尚劳动、尊重劳动,懂得劳动最光荣、劳动最崇高、劳动最伟大、劳动最美丽的道理,长大后能够辛勤劳动、诚实劳动、创造性劳动。”②“要开展以劳动创造幸福为主题的宣传教育,把劳动教育纳入人才培养全过程,贯通大中小学各学段和家庭、学校、社会各方面,教育引导青少年树立以辛勤劳动为荣、以好逸恶劳为耻的劳动观,培养一代又一代热爱劳动、勤于劳动、善于

① 本书编写组. 习近平总书记教育重要论述讲义. 习近平总书记教育重要论述讲义. [M]北京:高等教育出版社,2020.

② 习近平在全国教育大会上强调 坚持中国特色社会主义教育发展道路 培养德智体美劳全面发展的社会主义建设者和接班人[J]. 党建研究,2018(10):2.

劳动的高素质劳动者。”①

要贯彻落实好这一要求，大中小学校要树立大劳动观念，树立开门办劳动教育的理念，按照《要求》和《纲要》部署，不但要发挥好学校的主导作用，而且也要创造条件发挥好家庭的基础作用，以及社会的支持作用。

（二）因地制宜，挖掘校内需求，提高整合校内、校外资源的能力

打铁还需自身硬。就劳动教育而言，学校要发挥好主导作用，是需要深挖潜力，苦练内功。

1. 转变教育教学观念

观念是行为的先导。2021 年 4 月新修订的《中华人民共和国教育法》第五条就党的教育方针进行了修正：“教育必须为社会主义现代化建设服务、为人民服务，必须与生产劳动和社会实践相结合，培养德智体美劳全面发展的社会主义建设者和接班人。”②这意味着新修订的党的教育方针是新时代广大教育工作者教育教学的日常行为规范。

人人都是劳动教育的宣传者。劳动光荣，创造伟大是对人类文明进步规律的重要诠释。③ 全社会都要弘扬劳动精神，营造劳动光荣的舆论氛围，家长、老师都要带头做热爱劳动，崇尚劳动的表率，给学生弘扬劳动精神做出榜样。马卡连柯说：“在我们的社会中，劳动不仅是经济的范畴，而且是道德的范畴。”④劳动光荣，劳动是一种美德，劳动教育也是一种德育，

---

① 学习贯彻习近平总书记在全国劳动模范和先进工作者表彰大会上的重要讲话精神座谈会发言摘编[N]. 工人日报，2020-11-26(002). DOI：10. 28277/n. cnki. ngrrb. 2020. 004876.

② 教育部要求做好新修订的教育法学习宣传和贯彻实施[J]. 内蒙古教育，2021(16)：22-23.

③ 本书编写组. 习近平总书记教育重要论述讲义. 习近平总书记教育重要论述讲义. [M]北京：高等教育出版社，2020.

④ 吴式颖等编. 马卡连柯教育文集[M]. 北京：人民教育出版社，2005.

是社会主义核心价值观的重要组成部分。《纲要》对新时代劳动精神概括为“勤俭节约、敬业奉献”“开拓创新、砥砺奋进”[①]。这与社会主义核心价值观对公民层面的价值要求有重叠部分。所以说新时代弘扬劳动精神，宣传劳动榜样人物的先进事迹，聆听劳模故事，就是培育和践行社会主义核心价值观。

人人都是劳动教育的引导者、实践者。劳动创造了人。劳动是人类存在的基本方式，劳动是连接人类和社会的中介。像社会主义各行各业的劳动者一样，广大教育工作者在自己的岗位上劳动着，奉献着，创造着，是实现中华民族伟大复兴中国梦的重要力量，是打造中华民族“梦之队”的筑梦人。[②]

《纲要》对劳动教育的实施途径，进行了顶层设计。“在学科专业中有机渗透劳动教育。”这也意味着，所有学科教师都有义务在尊重自身学科规律的基础上，有意识地渗透劳动教育的内容。

2. 挖掘校内需求，提高整合校内资源的能力

习近平总书记提出的“四有”好教师的论述，既揭示了教师成长的内在规律，又与时俱进对新时代教师提出了更高的要求。好老师应具有“扎实学识”，这是成为“四有”好教师的根本基础。除此之外，“扎实学识”还体现在广博的通用知识、终身学习的理念和强烈的改革创新意识。在当前“双减”的育人格局下，好教师除了是本学科领域的“学问之师”，还应是这一门学科课程之外的“实践之师”。它可以是创新思维的养成，可以是良好审美的养成，可以是健康体魄的养成，还可以是劳动习惯的养成。所以，有远见的学校，不应将升学率、分数作为评价学生评价教师的唯一标准，而是尽可能为学生创造一个适应未来生活需要的综合素养提高的实践场域。

① 大中小学劳动教育指导纲要(试行)[J]. 教育科学论坛，2020(24)：3-11.

② 本书编写组. 习近平总书记教育重要论述讲义. 习近平总书记教育重要论述讲义. [M]北京：高等教育出版社，2020.

有远见的教师,不应局限于一个学科教师而故步自封,而应尽可能着眼于未来人才培养的需求,积极投身于教育创新的伟大实践。

具体到学校劳动教育项目课程的开设,因为应讲授的项目种类多,有些项目技术含量较高,短时期内配齐专业教师,恐怕不太现实,师资力量的短缺将是困扰学校规范实施劳动教育的一大问题。学校可以充分挖掘校内教师的特长和爱好,先兼课开起来,再慢慢培养,或者可以向开设两门以上课程的教师在资源利用、评定评优等方面倾斜,大力倡导“双师型”教师(学科类教师和活动类教师)的舆论氛围。同时加大劳动教育的教研力度,以专技人员带新教师,以老教师带新教师,尽快将劳动教育提高到一个新的水平。

3. 提高整合校外资源的能力

大劳动教育观念,还表现在学校再也不能“只顾低头拉车”“更要抬头看路”,要改变学校脱离社会教育、脱离家庭教育的现状,尽快形成家、校、社和政府协同育人的发展格局。

开门办劳动教育,就要统筹校内、校外两种教育,利用校内、校外两种资源,组织学生走进田野地头,走进社区,走进工厂企业,开展农业劳动、生产劳动和服务型劳动,为劳动教育的真正落地,为学生劳动素养的提升创造条件。

就普通学校而言,根据国家政策,结合学校办学理念及校园文化,以及学校现有基础,因地制宜,选择适宜的劳动项目。大约有两种途径可以提高整合校外资源。一是拓展“长板”,将“长板”加长。即将学校特色做大做强提升至专业水准。这就需要自己主动对接高等院校、教科院等专业机构,明确需求,寻找合作。二是补齐“短板”,将“短板”加高。即立足于学生劳动素养正常水平提升所需的课程,向社会招标,或者参照行业标准推荐名录(白名单),对接校外教育资源。行业标准推荐名录(白名单)由地方教育部门审批认定的具有此类业务培训的服务机构。如北京市中小学生社会大课堂管理办公室每学期会发布其审核通过的社会大课堂资源单位活动课程项目单。学校可以从中选择对接引入。

总的来看,无论哪一种方式都各有利弊。第一种方式需要学校在全员兴趣培养以形成学校特色和个别专业发展(兴趣小组)找到平衡;第二种方式具有见效快的特点,有"外包服务"的性质,需要在"拿来主义,为我所用"还是"受制于人,被人同化"中找到平衡。一般而言,处于维护自身利益的考量,社会教育机构具有很强粘合力,他们或者依靠提高服务的层次和质量,或者会保护服务的版权等手段,结果可能会是学校主观依靠校外教育培养自己教师的意图落空。

(三)把握"双减"契机,强化学校教育主阵地作用,优化师资结构,培育和彰显学校办学特色

2021 年 7 月 24 日,中共中央办公厅、国务院办公厅印发《关于进一步减轻义务教育阶段学生作业负担和校外培训负担的意见》,之后全国各地积极配套了相应的落地政策,标志着全国义务教育阶段教育工作进入了通过"双减"政策构建教育良好生态的新阶段。

"双减"政策一个最大的成果就是在全国全面推行了"5+2"课后服务模式,即每周 5 天都要开展课后服务,每天至少开展 2 小时。课后服务工作成为"减轻学生过重课业负担和家长经济负担、满足学生多样化需求的有效途径,也是教育为民服务、政府为民办实事的民生工程"。其出发点与落脚点在于"以提高学校育人水平为目标,以促进学生健康成长、解决家长后顾之忧"[①]。

政策对课后服务的质量进行了明确的规定。课后服务要"坚持育人为本,提升课后服务质量"。课后服务项目要"最大程度满足学生的多样化需求"。要"开展丰富多彩、形式多样的红色文化教育、科普、文体、艺

① 参见《关于进一步做好义务教育阶段学校课后服务工作的实施意见》。

术、劳动、阅读、兴趣小组及社团活动"①。

政策对学校多渠道拓宽课后服务资源供给进行了顶层设计。"各学校要组建以在职教职工为主的课后服务工作队伍，并积极争取退休教师、高校优秀学生、体育教练、民间艺人、能工巧匠、非物质文化传承人等具备资质的社会专业人员或志愿服务力量，为学生提供丰富多彩、有吸引力的服务。""开展家长课后服务志愿活动""各区、各学校充分利用红色资源开展主题教育活动，发挥好图书馆、博物馆、科技馆、街道社区、青少年活动中心、实践教育基(营)地等各类校外活动场所在课后服务中的作用"②。

除此之外，政策鼓励学校要探索引进非学科类教育培训机构参与课后服务。"各学校可适当引进行为规范、信誉度高的非学科类教育培训机构参与课后服务，更好满足部分学生发展兴趣特长等特殊需求。"③

在课后服务保障经费方面，政策要求"省级政府要制定学校课后服务经费保障办法，明确相关标准，采取财政补贴、服务性收费或代收费等方式，确保经费筹措到位。课后服务经费主要用于参与课后服务教师和相关人员的补助"④。

以天津为例，课后服务保障办法限于全市公办中小学校，"课后服务费最高收费标准为：小学、初中每生每月不超过 180 元；初中晚自习每生每月不超过 100 元""市、区两级财政部门分别按照隶属关系对实施课后服务的学校安排专项经费补助，补助标准为生均 200 元/年"学校为提高课后服务水平购买服务产生的代收费"代收费纳入学校往来款项核算，资金由学校全部转交提供服务的部门，并向委托代收单位索要合法票据"。

基于以上利好政策，学校可通过优化师资结构，强化学校教育主阵地，

① 参见《关于进一步做好义务教育阶段学校课后服务工作的实施意见》。

② 参见《关于进一步做好义务教育阶段学校课后服务工作的实施意见》。

③ 参见《关于进一步做好义务教育阶段学校课后服务工作的实施意见》

④ 中共中央办公厅 国务院办公厅印发《关于进一步减轻义务教育阶段学生作业负担和校外培训负担的意见》[J]. 教育发展研究，2021，41(Z2)：33.

彰显办学特色,提高育人水平。

当前的国际竞争,说到底是人才的竞争。推动教育高质量发展,形成更高水平的人才培养体系,是教育的根本目标。教师是立教之本,兴教之源。“在一定意义上,教师的质量就是教育的质量,有一流的教师才有一流的教育,有一流的教育才有一流的人才。”①由此可见,一所学校、一个地区师资结构的优化,关乎教师队伍素质的提高,关乎“多出人才,出好人才”,关乎国家的整体竞争力的提升。可以说,师资结构优化的重要性,怎么强调都不过分。习总书记提出“四有”好教师的标准,成为新时代推动师资结构优化,提高教师队伍素质的根本遵循。

师资结构的优化是一个地区教育机构的主要任务。地方教育局可通过提高教师准入条件、调节职称职级系数等手段优化师资结构。教师学历、性别、职称等因素会对教师工作的积极性产生直接影响,这一点上教育行政部门乃至中小学校的管理者是心知肚明,但也基本缺乏动力或者是无能为力。

“双减”政策下的师资结构优化,学校面临战略机遇期。学校可通过课后服务的管理与研究,激活教研教改的活力,提高教师主动适应新时代出现的新变化和新挑战。职业教育提出的“双师型”教师也可以在基础教育阶段生根发芽,教师除了要教好本学科课程(学科课时)之外,还应可带好一门活动类课程(学科实践活动、跨学科综合实践活动)。这些新提法就可以在课后服务的舞台上试一试。这一点上的认识和实践可以在北京市教育委员会发布的《北京市实施教育部〈义务教育课程设置实验方案〉的课程计划(修订)》中得到证实。该方案规定:“10%的学时将用于实践活动。”

如果说以前学校没有时间、空间开展此类活动,或者说学校即使想开

---

① 本书编写组. 习近平总书记教育重要论述讲义[M]. 北京:高等教育出版社,2020.

展此类活动,而学生没有时间(因为学生都去课外培训机构了),种种因素导致学校教育主阵地的地位堪忧,育人水平下降。而如今在“双减”政策下的教育格局,正愈来愈向着回归正常的教育轨道跨越。学生在校的时间长了,学生和老师相处的时间长了,师生关系改善了,课后服务可选择活动种类增多了,可利用的各类校外活动场所增多了,家、校、社互信互动、协同育人的格局初步显现。

如果说学校抓住此次发展机遇,在丰富课后服务内容、拓展课后服务形式的实践中提高课后服务质量,这对于衔接“课上+课后”、良好的教育生态的拓展具有重要意义。当然更重要的是,学校师资结构的优化这个大问题就会化解于无形。

回到劳动教育上来,来自全国各地的调研显示,劳动教育的任教教师存在着“专任教师数量较少且多年未变”“在学历层次上存在结构性差异”“职业院校和普通高等学校普遍没有劳动教育专任教师”“没有设立专门的劳动教育机构”[①]等问题,这些问题制约了劳动教育的开展。诚然解决这个问题是一个长期的过程,但也应看到,双减政策下的劳动教育教师大有可为。如果说我们学校课后服务质量提高了,教师师资结构优化了,双师型乃至多师型教师不断涌现,那么劳动教育的师资水平也会水涨船高,劳动教育水平的提高这个大问题也会化解于无形了。

综上所述,劳动教育融入社会教育具有必要性和可行性。学校只有树立大劳动教育观念,提高整合校内、校外资源的能力,开发实施劳动教育课程项目,加强开展劳动育人的实践,才能发展好劳动教育的主导作用,发挥好学校教育的主阵地作用,推动家校社和政府协同育人的格局形成,促进教育生态的良性发展。

---

① 党印,曲霞.劳动教育专任教师:职责、供求与培养路径[J].劳动教育评论,2021(02):54-67.

第五节　学习方式变革视角下的新时代劳动教育

进入新时代,世界教育发生了革命性的变革。探讨蕴含其中的教育理念、教育模式、教育形态、教育内容和学习方式的变化,对于促进中国教育吸收和应用当代先进教育教学成果,对于落实劳动教育,提高学生劳动素养具有一定的借鉴价值。

学习方式的变革是最具有先导性的作用。个体学会如何学习,如何组织群体性的学习,以这样的问题作为主要研究内容的学习方式是所有教育变革的底色,是我们发展自我、融入社会的前提。只有学习方式发生了变化,才会影响教育内容、教育形态乃至整个教育生态的变革。

在我国中小学教育教学实践中,涌现出许许多多的学习方式。在这些学习方式中,关注度最高、乃至形成世界教育热点的,恐怕就是项目学习和STEM教育了。教育部基础教育教学指导委员会副主任委员张卓玉说:"项目学习是世界教育的大趋势,有核心素养就必须有项目学习。"STEM教育是当前教育教学改革的热点。本节仅从以上两个视角,分析新时代劳动教育如何借鉴其中的优秀成果,为我所用,试图通过不断完善实践为主线的课程项目,丰富"做中学""学中做"的实践方式,密切课程项目与学生生活、社会实际的联系,构建丰富多彩的实践样态,进一步落实好、发挥好劳动教育的育人价值。

一、项目化学习和STEM教育

（一）项目化学习

项目化学习(project-based learning,简称PBL)源自克伯屈的设计教学法,主张师生围绕“真实”的问题,通过系列的“活动”,运用多种“学科知识”和“技能”解决问题,最后交流展示“学习成果”。由此可见,项目式学习是一种学生为中心的教学组织形式。教学以终为始,教学起点始于解决真实的问题,完成真实的项目任务。教师以学定教,教师的教是基于学生完成项目任务所需要的新知识和新技能,让学习在学生最近发展区展开。学生用以致学、学以能用,学习过程充满自主合作探究,学生“像科学家一样学习”“像工程师一样工作”。教学终点落脚于交流展示学习成果,发展学生高阶思维,完成项目。

李雁冰在《科学、技术、工程与数学”教育运动的本质反思与实践问题——对话加拿大英属哥伦比亚大学Nashon教授》一文中指出:“PBL是一种问题解决取向的课程与教学策略。其核心是找到供学生探究的问题,在探究过程中学习课程。”[①]他认为项目学习是一种教学策略(教学方法)。郭华在《项目学习的教育学意义》中认为,项目学习是学生综合运用多学科学习成就进行自主学习的一种综合性、活动性的教育实践形态。项目学习是学校教育不可或缺的组成部分。它既是学科教学的“对立面”,又是学科教学的支撑者、促进者,更是在学校教育阶段与学科教学携手共同培养有责任感、有担当的未来社会实践主人的教育活动[②]。胡佳怡的《项目

---

① 李雁冰.科学、技术、工程与数学”教育运动的本质反思与实践问题——对话加拿大英属哥伦比亚大学Nashon教授[J].全球教育展望.2014,43(11):3-8.

② 郭华.项目学习的教育学意义[J].教育科学研究2018(01):25-31.

式学习中"教"与"学"的本质》从"教"与"学"的本质探究了项目学习。他认为,在项目式学习中,教师和学生在学习中的定位与功能发生了改变。项目式学习的"教"与"学"的核心是探究式的学习方式,在对真实问题的解决中由学生个体建构自己的知识体系。[①]

(二)STEM 与 STEM 教育

STEM 是科学(Science)、技术(Technology)、工程(Engineering)和数学(Mathematics)四个英文单词首字母的合成。STEM 教育是一种融合科学、技术、工程、数学等多学科的综合教育。

STEM 教育源自美国。在国内,2016 年 6 月教育部印发的《教育信息化"十三五"规划》中明确提出要"积极探索信息技术在'众创空间'、跨学科学习(STEAM 教育)、创客教育等新的教育模式中的应用"[②]。2017 年教育部颁发了《义务教育小学科学课程标准》,首次从官方的角度,定义了 STEM 的中国标准,即"一种以项目学习、问题解决为导向的课程组织方式,它将科学、技术、工程、数学有机地融为一体,有利于学生创新能力的培养"[③]。之后,山东、深圳等地相继出台了有关课程建设指南与项目式学习的指导性意见,江苏省在全国率先研制 STEM 课程纲要等。

(三)项目化学习和 STEM 教育的融合

理论和实践相结合,过程与结果并重,"做中学"的学习策略,变"要我学"为"我要学"的探寻内在动力下的学习机制研究,以创新精神和实践能力培养为目标的高阶思维课堂的建设等,这些问题都是教育领域所关注的

---

① 胡佳怡.项目式学习中"教"与"学"的本质[J].基础教育参考 2019(02).

② 教育部关于印发《教育信息化"十三五"规划》的通知[J].中华人民共和国国务院公报,2016(32):52-58.

③ 教育部下发关于印发《义务教育小学科学课程标准》的通知[J].基础教育参考,2017(09):80.

热点问题，也是始终没有得到解决的问题。

考察项目化学习和 STEM 教育，二者都有其独特的价值，但在许多方面又具有一致性。项目化学习最大的优势在于它提供了一种新的教学组织形式，它为教育内部生产关系的改善创造了条件。教师和学生成为“同事”，在解决真实的问题的过程中巩固知识、形成能力、培养习惯。它注重跨学科的问题解决模式，而不仅局限于 STEM 教育所提到的科学、技术、工程和数学这四个学科，它甚至可以是超学科的学习内容。它的成果广泛，也不仅仅局限于如 STEM 教育所倡导的要物化为产品的最终目的。

而 STEM 教育提供了一种接近“真实问题”的途径。“真实问题”是相对现实生活而言的。涉及科学、技术、工程和数学四个学科的情境问题，理论上可以认为是接近现实生活的情境。在行动上，STEM 教育提供了理念落地的现实途径：一是教学的起点。基于现实情境的真实问题确定教学的起点，以此为导向推进问题的发生、发展及解决；二是项目化组织方式。以项目驱动性任务纵贯学习的计划、实施、评价等全过程；三是跨学科的问题解决模式，特别是工程和技术学科的融入，为提高学生的动手实践能力找到了抓手。

STEM 教育最大的优势是它侧重从整合的视角提供一种更接近真实生活情境的问题解决模式：未来的生活情境可能会是什么？谁会在未来人才竞争中胜出？现在的教育做出哪些调整才能适应未来人才竞争的需要等这些问题都具有不确定性。科学、技术、工程和数学，无疑是目前为人们广泛认同的最能有效应对未来挑战的四大基础性学科，因此围绕这四大学科的 STEM 教育，才会受到各国重视并在世界范围内如火如荼地展开。STEM 教育以项目学习、问题解决为导向发挥的一种教育模式。希望通过跨学科整合的方式，服务于真实情境下的问题解决，培养学生的实践能力，让学生全面发展。

这样看来，项目式学习是一种新的教学组织形式。STEM 教育是建构在这种项目化学习教学组织形式之上的试图通过四学科的融合来无限接近现实问题解决的准现实化的一种新的教学形态。STEM 教育强调跨学科解决问题,但是学科间的融合需要一个项目来达成。没有项目,可能就是单一学科的知识拓展,跨学科也就无从谈起,这就是以跨学科为主要特征的 STEM 教育和项目式学习二者之间的联系 。这也是我们将二者放在一起探讨新时代劳动教育的缘故。

二、项目化学习、STEM 教育与育人导向

教学的起点在哪里?在教材的学科逻辑体系里抑或在学生所处的现实生活中?关于此问题的回答,又可以追溯到推进了多少年的教学改革。有人将教学改革的失败归因于没有找到教学的起点。这种归因似乎听起来很荒谬。但是我们所创设的教学情境,多少也有为知识传授便利而有益创设的"情境",这种"情境"割裂了知识和生活的联系,也把学习者推到一个"书呆子"的尴尬境地。这种"情境"在教学中占比多少,其危害性有多重,似乎可以从 2001 年教育部《基础教育课程改革纲要(试行)》文件中看到。在此次改革的第二条、第三条具体目标表述为"改变课程结构过于强调学科本位、科目过多和缺乏整合的现状""改变课程内容繁、难、偏、旧和过于注重书本知识的现状,加强课程内容与学生生活以及现代社会科技发展的联系",由此可以归纳为,我们的教学情境,大多基于一个学科而创设,这样联系生活、联系实践、解决问题的真实性就大打折扣。然而当今世界正面临百年未有之大变局,要求教育"必须着眼未来,抓紧培养能够适应和引领未来发展的一代新人"①。教育,如何培养面向未来的人?

鉴于此,国家近年来相继出台一系列重要的文件。2019 年 6 月 23 日,《中共中央国务院关于深化教育教学改革全面提高义务教育质量的意见》

① 本书编写组. 习近平总书记教育重要论述讲义[M]北京:高等教育出版社,2020.

强调“树立科学的教育质量观，构建德智体美劳全面培养的教育体系，健全立德树人落实机制”“融合运用传统与现代技术手段，重视情境教学”“探索基于学科的课程综合化教学，开展研究型、项目化、合作式学习”①。

2019年6月，《国务院办公厅关于新时代推进普通高中育人方式改革的指导意见》指出“把立德树人融入思想道德教育、文化知识教育、社会实践教育各个环节”“积极探索基于情境、问题导向的互动式、启发式、探究式、体验式等课堂教学，注重加强课题研究、项目设计、研究性学习等跨学科综合性教学，认真开展验证性实验和探究性实验教学”“突出立德树人导向，重点考查学生运用所学知识分析问题和解决问题的能力”“创新试题形式，加强情境设计，注重联系社会生活实际，增加综合性、开放性、应用性、探究性试题。提高作业设计质量，精心设计基础性作业，适当增加探究性、实践性、综合性作业”②。

2020年10月，中共中央、国务院印发的《深化新时代教育评价改革总体方案》指明了今后教育评价改革的基本方向。其主要目的“要扭转不科学的教育评价导向，克服唯分数、唯升学、唯文凭、唯论文、唯帽子的顽瘴痼疾，提高教育治理能力和水平，加快推进教育现代化、建设教育强国、办好人民满意的教育”。这标志着“全党全社会树立科学的教育发展观、人才成长观、选人用人观，推动构建服务全民终身学习的教育体系”③。

综上所述，新时代育人导向的转变，说到底，就是人才的竞争。时代发展对新型人才的需求发生了根本变化，这就决定了整个教育的体系和内容也需要做出根本性调整。培养担当民族复兴大任的时代新人，培养德智体

---

① 中共中央 国务院关于深化教育教学改革全面提高义务教育质量的意见[J].人民教育，2019(Z3)：7-11.

② 国务院办公厅关于新时代推进普通高中育人方式改革的指导意见[J].人民教育，2019(Z2)：10-13.

③ 中共中央 国务院印发《深化新时代教育评价改革总体方案》[J].中华人民共和国教育部公报，2020(11)：2-7.

美劳全面发展的社会主义建设者和接班人，是新时代"培养什么样的人"最终的育人目标。从"教书"到"育人"，这是学科育人目标的升级，更是从知识到技能进而成为能力最终形成素养的过程。遵循教育规律，系统推进教育评价改革，发展素质教育，以立德树人为宗旨，以提高学生综合素质、创新精神、问题解决能力作为着力点，成为新时代育人导向转变的基本遵循。

反观全球兴起的项目化学习和 STEM 教育，旨在通过学习运用多学科知识技能，培养解决问题的综合性新型人才。二者对学生的综合素质提出了较高的要求，不仅需要学生会动脑，更要求学生有动手设计、加工制作物品的创新实践能力。

STEM 教育的推广，适应我国为未来培养具有较高全球竞争力、创新型、综合型（复合型）人才的需要。通过实施 STEM 教育，探索在分科教育的情况下，把知识有机融合，使碎片化知识结构化，让信息变成知识，让知识变成能力。

三、项目化学习、STEM 与新时代劳动教育项目

（一）项目化学习、STEM 教育融于劳动教育的可能性

改革开放以来，教育部根据党中央、国务院政策要求，不断优化课程设置。在 2001 年新课程改革实验中，原劳动与技术学科调整为"劳动与技术教育"，成为综合实践活动课程国家指定的学习领域。在教育部 2017 年颁发的《中小学综合实践活动课程指导纲要》里，其活动方式有考察探究、社会服务、设计制作和职业体验四种。劳动技术划归为设计制作范畴。2022 年印发的《义务教育课程方案和课程标准》将劳动从综合实践活动课程中独立出来，赋予其独立的学科地位，编制《劳动课标》。从这几年不断优化

课程设置中，我们不难看出，劳动教育的重要性日益凸显。

在考察《劳动课标》课程理念的表述时，我们发现它的基本理念，比如“实践为主线的课程结构”“加强与学生生活和社会实际的联系”“丰富多样的实践方式”等，与先前颁布的《指导》《纲要》有许多共同点。

综合实践活动课程内容选择和组织原则的自主性、实践性、开放性、整合性和连续性的特点，决定着劳动技术内容的选择和组织实施的原则。

自主性是劳动教育的特征。《纲要》规定，日常生活劳动教育是劳动教育三种劳动教育内容之一。其主要目标在于让学生立足于个人生活事务处理，注重生活能力和良好卫生习惯培养，树立自立自强意识。这就意味着日常生活劳动教育主要靠学生自主来完成。学生立足于自己所处的现实世界，依靠经验和生活取向自主选题，以此找到教学的起点。这与STEM 教育所提倡的真实情境下的问题解决有相同的诉求。

实践性是劳动教育的特征。为让学生会劳动，解决如何做的问题，《纲要》明确“淬炼操作”“项目实践”是劳动教育的关键环节。围绕劳动能力的培养，让学生在操作活动中进行技术探究和技术学习，在劳动过程中完成真实、综合任务，进而强化规范意识、质量意识、专注品质。这与STEM 教育所注重的实践与过程的特征相一致的。

综合性是劳动教育的特征。在内容选取上，《纲要》里提到除了传统劳动、传统工艺项目之外，一些紧跟科技发展和产业变革的新技术，新工具都可以进入劳动教育的内容，以增强劳动教育的时代性。因此说，劳动教育既是已有知识的综合运用，也是新知识与技能的综合学习。这与 STEM 教育倡导的跨学科解决问题的理念基本是一致的。

（二）项目化学习、STEM 教育融于劳动教育的可行性

目前的 STEM 教育，离真正落地实施尚需时日，但是利用劳动教育，融入劳动教育不啻为一种可实施的有效途径。

时间保证。《纲要》对学生每周课外活动和家庭生活中劳动时间做出规定:小学 1 至 2 年级不少于 2 小时,其他年级不少于 3 小时。这也意味着劳动教育的开展有了时间上的保障。这为 STEM 教育融于劳动教育提供了时间上的保障。

空间保证。STEM 教育倡导工程实践,培养学生的动手实践能力。劳动教育也要培养学生动手能力,且从某种程度上具备开展活动的物质空间和工具。这为 STEM 教育实施所需要的实施空间和工具提供了保障。

连续性保证。连续性是劳动教育的特征。《纲要》指出,劳动教育贯穿大中小学,建立以学校为主导、家庭为基础、社区为依托的协同实施机制,这样就保证了学期之间、学年之间、学段之间活动内容的有机衔接与联系,构建科学合理的活动主题序列。这就解决了 STEM 教育项目普遍实施时间长,参与主体多的矛盾。

(三)劳动教育项目是现实版的 STEM 课程

以天津九年义务教育教科书《劳动与技术》六年级教材中的工艺木工项目为例,学生通过这一项目的学习,要制作相框、秋千、猫头鹰等作品。以制作猫头鹰为例,学生在识图、设计的基础上要经历备料、下料、制作、组装等劳动过程。在此实践中,学生用手锯锯割,用电钻打孔,用木锉打磨,这显然属于技术(T)范畴;T 形摆的画线,显然要利用对称知识,这属于数学(M)的范畴;制好的 T 形摆要和猫头鹰面板对接组装,要对接成功,可能还要进行反复的打磨、调试,这显然属于工程(E)范畴;猫头鹰眨眼的频率,涉及影响摆的快慢的因素的探究,这显然属于科学(S)范畴。如果要延伸到 STEAM,那么学生用颜料在木板上绘制猫头鹰,这显然是艺术(A)范畴。因此,劳动教育项目是现实版的 STEM 课程。

综上所述,从学习方式变革的角度看项目化学习、STEM 课程和劳动教育的融合实践,三者是一种互为吸收、互为借鉴的关系。项目化学习、

STEM 课程可以为劳动教育的开展插上翅膀。在劳动教育课程项目的开发中,吸收项目化学习的组织形式,吸收 STEM 课程本质上的跨学科特征,围绕真实的劳动需求和真实的问题情境,设计劳动教育课程项目,推动劳动教育又好又快的发展。

项目实践

明确努力方向，找对实践载体。新时代劳动教育课程项目是落实劳动教育课程内容的实施载体。

实践是检验真理的唯一标准。唯有实践，才会产生新的理论，才能有发言权。这是指宏观角度而言，具有普适性的规律。就微观角度而言，劳动教育是以实践育人为特征的教育活动，其课程结构主要以实践为主进行构建。

俗话说："好的开始就成功了一半。"在劳动教育课程项目展开之前，需要有一个论证的过程。论证的主要依据就是《意见》《纲要》和《劳动课标》，以及适合每个项目的独特性。这是显性的，还有一些隐性的原则需要把握，在本书中，我们把它简化为"劳动教育项目开发、实施的原则"，它们需要在即将展开的项目中得到贯彻。

如果论证可行可靠，那么就进行了项目的实施阶段，这是项目实践的核心。该阶段贯穿项目的选择、组织、实施和评价四个环节，对项目目标的实现、原则的贯彻及项目的成败都会产生直接影响。

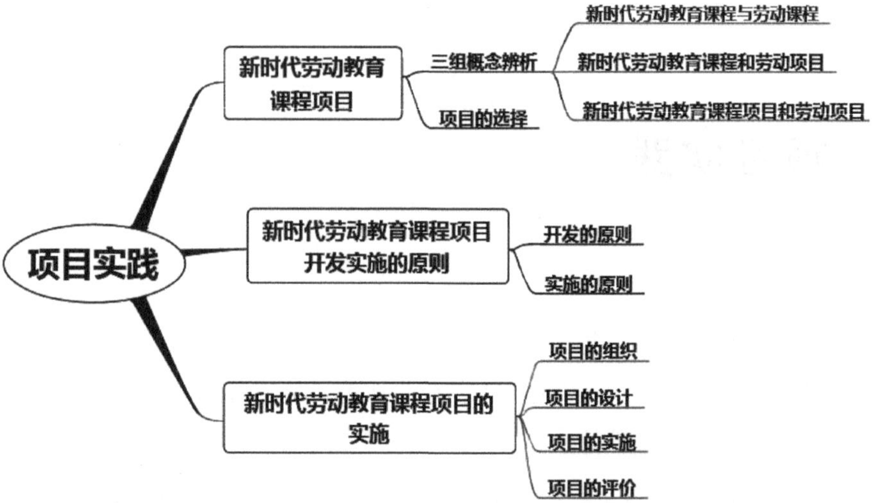
项目实践
新时代劳动教育课程项目
三组概念辨析
新时代劳动教育课程与劳动课程
新时代劳动教育课程和劳动项目
新时代劳动教育课程项目和劳动项目
项目的选择
新时代劳动教育课程项目开发实施的原则
开发的原则
实施的原则
新时代劳动教育课程项目的实施
项目的组织
项目的设计
项目的实施
项目的评价

第三章

新时代劳动教育课程项目

问题审视，反思求解。在本书第二章中，我们纵向深入劳动教育的内部，通过新时代劳动教育何以为“新”，“新”在何处，以何立“新”这三重问题的发问，直插到底，直面问题，形成逻辑链条，为新时代做好劳动教育指明了方向；同时我们又横向站在劳动教育的外部，从五育融合、核心素养、家庭教育、社会教育、学习方式变革等多维视角审视新时代劳动教育。在此基础上，我们提出劳动教育课程项目是落实劳动教育课程内容新的实施载体。为深入理解新时代劳动教育课程项目这个新的载体，本章对其做一个梳理。

第一节　与新时代劳动教育课程项目有关的三组概念辨析

在第一章第二节“新时代劳动教育‘新’在何处”中，我们提出新时代劳动教育实施载体要“新”的命题，并提出“课程项目”是落实劳动教育新的实施载体。为更深入理解“课程项目”概念，用好这个载体，本节将从三组概念的辨析入手，探讨这个新载体的特点。

一、新时代劳动教育课程与劳动课程

《意见》《纲要》都使用了“大中小学劳动教育”的表述，在《劳动课标》使用了“劳动课程”，而没有使用“劳动教育课程”的表述。这在概念上是否有什么考量呢？

一种观点认为二者在本质上没有区别。比起“劳动教育课程”的表述，“劳动课程”的表述更加简洁。

另一种观点认为二者在细微处还是有所区别的。“劳动课程是实施劳动教育的重要途径，在劳动教育中发挥主导作用”。[①] 言外之意是，实施劳动教育还有其他的实施途径，除了学校之外，还有家庭和社会。这在《意见》中“家庭发挥基础作用，学校发挥主导作用，社会发挥支持作用”的表述中可以印证。“劳动课程”是针对义务教育阶段学校而言的。目前尚不明确高中阶段的劳动教育、大学阶段的劳动教育必修课程是否采用“劳动课程”的表述。

出于以上考量，本书采用新时代劳动教育课程的表述，主要是因为本书所提供的实践理论以及实践案例，除了适用于义务教育阶段学校之外，其他阶段的学校也可以根据需要选用。因此从这个角度而言，新时代劳动教育课程的表述显得更为全面，它涵盖了基础教育阶段的劳动课程，也包括大学阶段、职业教育阶段的劳动教育内容。二者是一种包含的关系。

---

① 中华人民共和国教育部制定编. 义务教育劳动课程标准 2022 年版. [M]. 北京：北京师范大学出版社 2022. 05.

二、新时代劳动教育课程和劳动项目

考察劳动教育课程和劳动项目，我们发现，二者走到一起，具有一定的历史必然性。

在已查阅到的文献中，“劳动项目”一词最早出现在《九年义务教育全日制初级中学劳动技术课教学大纲（试行）》里：教学内容原则上应“选择他们力所能及的、无毒害、无危险的劳动项目”，并给出了四大类“必选项目”和九类“参考项目”这是在国家教学大纲层面上的规定。

项目在教材层面的体现，以九年义务教育教科书（试用）《劳动与技术》为例，教材表述为“在原教材的基础上采取了以项目为中心的编排体例”。

2022 年新印发的《劳动课标》中这样表述：“义务教育以丰富开放的劳动项目为载体……”“以劳动项目为载体，以劳动任务群为基本单元”“劳动课程内容共设置十个任务群，每个任务群由若干项目组成。”[①]由此可见，《劳动课标》构建了这样一条“劳动课程——劳动任务群——劳动项目”的向下生长逻辑路径，劳动项目是这个路径中重要一环。可以想见，在其后的教材编写中，劳动课程会以劳动项目为载体，以劳动项目为显性主线来呈现。

基于以上分析，我们认为劳动课程，或者其前身的劳动与技术教育、劳动技术学科，较早地与劳动项目联系在一起了。

---

① 中华人民共和国教育部制定编．义务教育劳动课程标准 2022 年版．［M］．北京：北京师范大学出版社 2022．05．

三、新时代劳动教育课程项目和劳动项目

区别于以往实行多年的“劳动项目”,本书提出的新时代劳动教育课程项目是劳动教育实施的新载体。这是因为劳动项目这种载体一度时期作用发挥不明显,无益于改变劳动教育实施的现状,因此迫切需要一种新载体。在这样的语境下,“新时代劳动教育课程项目”的概念就应运而生。

课程项目作为一个词组出现,基于以下几个考量:

第一,新时代劳动教育课程项目,概念的落脚点在项目,表明项目依然是劳动教育课程的实施载体,这与《劳动课标》中的表述是一致的。

第二,问题解决的现实性。一是劳动教育的实施现状。劳动教育有这样一些特点:如内容繁多、学生主体参与时间跨度长、落实途径多、保障性条件参差不一,素养评价体系不健全,这些特点使得劳动教育到了被“弱化”的困境,迫切需要改变现状。

第三,目前课程的开设现状。现在学生眼里只有考试,实质上就是一种“无意义的学习”。即学生不知道为什么要学习,学习这些知识的意义在哪里,学习后要用到哪里去。这是因为课程与社会联系不太紧密、不是真问题、过分强调知识的传授,提高课堂效率的结果就是学生被动学习程度高,主动学习程度低。这是目前课程为人们诟病的主要原因,因此课程也有改变的需要。

第四,基于项目而开展的学习或叫项目学习,成为目前课程改革研究的热点。强调真实任务情境的创设和多学科的问题解决,让学习变得有意义起来,这在一定程度上提升学生学习的主动性,有助于缓解课程被动实施的现状。但项目实施也存在诸如课程实施时间长,知识概念的学习比较碎片化,结构体系不完整,现行的课程计划课时安排提出挑战等问题。基于这些复杂原因,项目学习没有进入规模化地实施。

单看每一个问题，似乎都走向了死胡同。迫切需要转变思维，创新一种新的载体，既能将项目的优势发挥出来，又能将课程的长处发扬光大，共同作用于新时代的劳动教育，尽快补齐"五育"中劳动教育的短板，服务于"五育"融合下的立德树人使命的完成。

正是在这样一种语境下，新时代劳动教育课程项目这一新载体应运而生。其内涵在于：用项目去驱动课程；用课程来规范项目。

一是用项目驱动劳动教育课程。区别于以往的课程，它强调课程要项目化，这样可以避免滑入课程开设的窘境，发挥项目让学习变得有意义的优势，变被动学习为主动学习。

二是用课程来规范劳动教育项目的实施。区别于以往的项目，它强调项目要课程化，这样可以克服项目本身实施起来的诸多不利因素，发挥课程重视知识结构、易于知识传授的优势，变随意实施为规范实施。

从这个意义上看，新时代劳动教育课程项目①的概念，从诞生之日起，就着眼于解决当前劳动教育存在的问题，改变被弱化的现状，重塑劳动教育的综合育人价值。

新时代劳动教育课程项目，是家、校、社协同育人。在内容选择上更具有开放性。每一课程项目涉及的部门、行业至少一种，实践地点跨越校内校外，服务对象不仅是学生还包括社区居民等，这样更加有助于推动家、校、社协同育人的劳动教育发展格局的形成。

新时代劳动教育课程项目是项目化培养，跨学科综合实践，在组织实施上更具操作性，形成了活动策划、技能指导、练习实践、总结交流等完整的活动链条，形成了任务建构、背景经验活动、实践体验、成果表达的相对完善的教学模式。

新时代劳动教育课程项目是育人价值综合发挥的项目。在劳动素养的培养上具有全面性。其实践方式丰富多彩，考察探究、创意物化、社会服

① 本节后书中提到的课程或项目，除非特别指出，均指课程项目。

务、职业体验等四大实践方式穿插其中,几乎涵盖了劳动课程的十大任务群,在落实劳动课程,培育学生劳动素养,进而培养有理想、有本领、有担当的时代新人等方面进行了更有意义的实践育人探索。

因此新时代劳动教育课程项目是劳动课程标准的升级版,是 2.0 版本。

综上,有关新时代劳动教育课程项目的这三组概念的辨析,有助于我们理解新时代劳动教育课程与劳动课程是一种包含关系;有助于理解劳动项目与劳动课程走到一起,具有一定的历史必然;有助于理解劳动教育课程项目的提出,是基于当前劳动教育问题解决的现实使然。新时代劳动教育课程项目这个新载体,将发挥越来越重要的作用。

第二节　新时代劳动教育课程项目的选择

上一节我们探讨了新时代劳动教育课程项目的产生、发展和历史使命。那么项目是什么,项目从哪里来,项目到那里去,靠什么驱动项目的展开,这些问题就是本节探讨的主题。

一、课程项目是什么

新印发的《劳动课标》中对劳动项目有这样一个宏观的阐述。"劳动项目是落实劳动课程内容及其教育价值,体现课程实践性特点,推动学生'做中学''学中做'的重要实施载体。"不难看出,该定义是对劳动课程理念、课程性质的一个总结性的表述,是一个中规中矩的表述。

《劳动课标》规定,劳动项目要在"十个任务群"中进行合理选择。随后《课标》对日常生活劳动中的“整理与收纳”任务群包含的项目进行了列举。如“笔袋整理”“书包整理”“整理衣橱”等。从这里的表述，我们认为《课标》中的项目更多地关注同一任务群在不同学段的衔接和递进。这与本书所指的劳动教育课程项目在内涵上稍有不同。本书所指的劳动教育课程项目不仅包括单一劳动涉及的项目，也包括横跨几个种类的劳动。比如《我为端午立传》课程项目，它不仅涉及日常生活中的烹饪与营养任务群，也涉及服务性劳动中的志愿服务。它更多的是满足学生需要的，是一种按需所学的劳动项目。

为更深入地理解这种不同，我们有必要对项目的发展脉络做一简单的述评。

具有现代意义上的项目教学的概念最早见于克伯屈在《项目（设计）教学法：在教育过程中有目的活动的应用》一文。它指的是“学生自己计划、运用已有的知识经验，通过自己操作，在具体的情境中解决实际问题”。①

在这个表述里，我们注意到这些字眼：“学生自己计划”“自己操作”和“解决实际问题”，这足以说明项目教学法（PBL）一直所强调的理念就是：学生是学习的主体。

学生是学习的主体。主体性最重要的权属就是学生对自己的行为负责。在项目的产生、发展及结束的整个项目运行过程中，学生或独立或合作展开学习，经历其中的千姿百态，体味其中的万般滋味。

做项目其实就是讲故事。故事发端于一件有意义的事情，注意：有意义是所有项目发生的前提，也是支撑所有人为完成项目目标不懈努力的精神支柱。项目可以是这样的：为自己设计一个舒适的有灵魂的课桌，为学校绘制一幅绿色生活地图，为疫情期间社区工作人员制作一个中国结等，

---

① 王淑娟.美国中小学项目式学习：问题、改进与借鉴[J].基础教育课程，2019(11)：70-78.

这些事情因其与学生有了共鸣而变得有意义、有价值,这些因素会对学生内在驱动的学习产生十分重要的影响。这样的意义学习、意义建构、深度学习就发生其中。

由此我们认为,新时代劳动教育课程项目的学习应该是有意义的学习。所选项目应具有几个特点:一是立足现实,体现一定的地方性特色和区域性特征。如天津的面人王、风筝魏等。二是要贴近学生。所选择的内容能激发学生的学习兴趣,与学生的年龄特征和已有基础相适应,同时又具有一定的挑战性。三是便于教学。这些内容有利于学生主动地进行观察、设计、操作、评价等学习过程,也有利于集体活动中的教师指导。四是体现综合。所选内容蕴含着丰富的各学科知识,有利于多方面教育内容的整合和学生综合视野的形成。这些内容具有广泛的生长点,有利于内容的横向沟通和纵向联系。

二、课程项目从哪里来

真实情境下的问题解决是项目发生发展的前提条件,那么项目从哪里来,如何合理选择和确定项目内容?

我们认为项目要从生活世界中来,从学生日常学习生活中来,从社会生活或与大自然的接触中来。这样就自然有助于建立起学生与文本之间,文本与社会、生活之间连接。这与《中小学综合实践活动课程指导纲要》(以下简称《指导纲要》)、《劳动课标》的精神是一致的。

2017 年教育部颁布的《指导纲要》给出了考察探究、社会服务、设计制作、职业体验等活动相应的推荐主题。

《劳动课标》明确要"围绕日常生活劳动、生产劳动、服务型劳动的十个任务群",合理选择和确定项目内容,以满足不同阶段学生的发展需要,共同服务于培养学生劳动素养为导向的课程目标。

如我们实施的“编中国结，表学子情”项目，对标《课标》中传统工艺制作，对标《指导纲要》活动主题“奇妙的绳结”。基于这样一种背景：作为“中国元素”之一的中国结，在唤起国人的华夏情结、增进与世界各国人民友谊等方面发挥着越来越重要的作用。为了让学生加深对中国结的理解，挖掘中国结的编织项目的科技、健身和文化艺术的内涵，同时培养学生的动手能力和创造力，提高学生的技术修养，促使学生更加自觉自愿地投身到活动中去，我组织学生以班级为单位，进行了一次“中国结特色示范班”的创建活动。

又如“美丽的家乡”的项目，对标《课标》中新技术体验与应用项目，对标《指导纲要》活动主题“摄影技术和电子相册制作”。基于这样一种背景：当今部分中学生主动学习意识不够，在知识的获取和探究方面缺乏必要的兴趣和探索精神。针对这一状况，我们设施了“非常6+1，我用相机描绘家乡”的项目课程。

三、课程项目到哪里去

这就要回答项日培养日标的问题。规定劳动课程的总目标及义务教育阶段的四个学段目标，其核心素养内涵包括劳动观念、劳动能力、劳动习惯和品质、劳动精神四个方面。在《指导纲要》里，这种素养内涵细化为“价值体认”“责任担当”“问题解决”“创意物化”。本书认为这两种表述在本质上具有一致性，但在概念的外延上又有所不同。《指导纲要》里的素养目标显得更宽泛，不仅包括《劳动课标》里的素养目标，也符合项目的教育性和社会性的特点，因为每一项劳动教育项目，在获得包括劳动观念、劳动能力、劳动习惯和品质、劳动精神等素养的同时，一定会带来“价值体认”“责任担当”“问题解决”“创意物化”等方面综合素养的提升。因此在本书中，我们采用了《指导纲要》中的表述。

四、课程项目的驱动

考察“项目是什么”“项目从哪里来”“项目到哪里去”这些问题，其实是为了加深对所开发项目可行性的考察。项目选题来源，参与对象的知识储备及其他特点，可利用资源情况，教师或专家的指导情况、可检测项目实施的主要指标等。这些问题要在项目正式实施前，以一种合适的方式，取得所有参与对象的支持，最后以文本的形式发送到对方手中。

到这里，项目就正式启动了。项目是一系列相关联的问题的集合。解决问题的过程就是项目驱动过程。将驱动项目进展的关键性问题分解为一个个待解决的有点挑战性的小问题，各个击破，直至完成关键性问题，项目结束。可以说，这些小问题的解决驱动了整个项目的进展。

在分解问题，各个击破的过程中，学生要发挥主体作用，教师要发挥指导作用，充分运用问卷调查、实地观察、访谈、讲座培训、实验探究、设计制作等活动方式，在常用教室、操作室、工厂、社区等活动场域，在教师、家长及专业人员的支持下，实现“意义学习，理解为先”的效果。

第四章

新时代劳动教育课程项目开发实施的原则

从五育融合、核心素养、家庭教育、社会教育的视角,从学习方式变革的视角看新时代劳动教育,这让我们更有信心,更加坚定了新时代劳动教育的教育价值。劳动教育课程项目是落实新时代劳动教育的重要载体,项目的开发实施,将直接关系到劳动教育的成效。新印发的《劳动课标》就项目的开发和实施给出了相应的指导意见。本章在深入理解《劳动课标》精神的基础上,提交"真实问题解决""跨学科下的问题解决""设计制作为实践主线"及"成果呈现的方式选择"四个开发原则,提交"用项目去驱动劳动教育课程;用课程来规范劳动教育项目的展开""逆向设计原则""项目课程地图""教学内容的尽可能分层、活动方式尽可能多样"四个实施原则,希望成为《劳动课标》有益的补充。如果我们能从以上八个原则去完善实践为主线的劳动教育课程项目,丰富"做中学""学中做"的实践方式,密切课程项目与学生生活、社会实际的联系,构建丰富多彩的实践样态,有助于新时代劳动教育课程项目的开发和实施走上良性发展的轨道。

第一节　新时代劳动教育课程项目开发的原则

《劳动课标》在第六部分课程实施中,就劳动项目的开发,从项目设计、项目安排和项目开发注意事项三个方面专门进行了阐述,理解这些指导意见,有助于我们开好头、走好路。除了《劳动课标》里的这些指导意见之外,我们还应该理解下面的几个原则,以呼应前述的学习方式的变革。

一、真实问题解决

真实问题解决,说起来容易做起来难。大家可能觉得很好理解,所以《劳动课标》对此也着墨不多。仅在劳动过程指导建议中的情境创设里,就真实问题的来源有两点指导意见:一是从“真实劳动需求出发创设情境”;二是从“真实的问题出发”。事实上,在教育教学改革中,那些看似简单易行的教学原则,似乎不可能成为问题的问题,都曾遭遇过滑铁卢。这也是许多专家呼吁教学要回归教学原点的原因。真实问题解决,就是其中之一。

下面我们不妨先看一看不真实的问题是如何给人留下阴影的。

> 38 岁生日前一天,我从噩梦中醒来,心狂跳不止,刚才又梦见数学考试了,水池有一个进水管,5 小时可注满,池底有一个出水管,8 小时可以放完满池的水。如果同时打开进水管和出水管,那么多少小时可以把空池注满?呸,神经吧,你到底想注水还是想放水?
>
> (参见崔永元《不过如此》)

这是个数学问题,数学给小崔留下的印象就是“疮疤,是泪痕,是老寒腿,是类风湿,是心肌缺血,是股骨头坏死,是一场灾难”。

其实可以从以下方面来衡量项目式学习的“真实性”。满足真实性的项目可以是:

第一,满足真实人群的需求。学生设计的方案或者创造出的产品可能会被人们采用。例如:“班级图书角的整理与美化”“为学校设计并搭建一个屋顶花园”“为社区花园需要绘制一份绿色生活地图”等。

第二,从现实生活中寻找选题。“疫”情防控期间生发出了许多好项目。例如:全国各地兴起的“抗疫互助平台”,他们发布有用信息、求助信息和“我要帮忙”的信息,为隔离在家的人们生活提供便利。

第三,模拟一个真实的劳动场景。如每年举办的天津市中小学劳动技能大赛,内容除了整理行李箱、电子焊接、木模工艺、擦玻璃、金工工艺等室内比赛项目,还有施底肥、移苗定植、平整土地、起垄做畦等室外农业项目的比赛。

在实践中,项目选择的标准一要符合科学规律;二要与学生生活实际相关,有挑战性且具有实践探究意义;三要多学科协同。

如在《引江水来之不易,天津人惜之别怠》的劳动项目中要求学生要为农村居民设计节水装置。他们先要采集水样,检测水质,再结合当地情形,设计出性价比高的节水装置。

如在《绿地图测绘》的项目中,要求学生为新入学的同学制作一张校园绿地图,向他们全方位介绍学校的历史,重点是体现特色资源和文化特征。

二、跨学科支持下的问题解决

单一学科下的问题解决和跨学科支持下的问题解决,两者到底有哪些区别？

仍以前述的困扰小崔的“出水管进水管”的数学问题为例，这类问题可以归纳为单一学科下的问题解决。单一学科下的问题解决，极易滑向“良构问题”。“良构问题”一般是“过滤”后的问题，因为有确定的答案，利于知识点的传授和考核，方便操作等优点受到各方的欢迎。但良构问题在现实生活中很难找到原型，对于我们解决真实生活中的问题帮助不大，这与实践育人的理念不相符。

与“良构问题”相对是“劣构问题”，意即那些没有确定答案，没有确切解决问题途径，或者少量确定性条件的问题。“劣构问题”的来源，一般着眼于生活中发生的现实问题，这容易激发学生的参与性。“劣构问题”的解决，一般需要整合多种学科知识，按需所学，定制学习内容，解决问题的途径多样，成果的呈现方式多样，这些特点使其被誉为“更好的课堂学习的问题”①。

实事求是地说，没有一个学科不强调问题的解决，这是学科存在的根本逻辑。问题在于分科授课下的学科内部所提出的问题，是否能跨越学科边界，接近真实的生活。

问题的探讨自然会令人想到新课程改革中的综合实践活动课程的设置。考察综合实践活动课程的设置，改变我国长期以学科课程为主的课程体系，实现“分科与综合并举”的课程结构，为素质教育的实施探索一条新的路径。其课程性质定位为：“综合实践活动是从学生的真实生活和发展需要出发，从生活情境中发现问题，转化为活动主题，通过探究、服务、制作、体验等方式，培养学生综合素质的跨学科实践性课程。”②

作为综合实践活动领域的劳动技术，自然也应该是“培养学生综合素

① 张陈江. 劣构情境，开放探究——在真实问题解决中发现科学学习的意义[J]. 中小学课堂教学研究，2018(05)：56-61.

② 中华人民共和国教育部制定中小学综合实践活动课程指导纲要[M]. 北京：北京师范大学出版社 2017. 11.

质的跨学科实践性课程”。因此劳动技术项目应该围绕跨学科支持下的问题解决进行设计。

即便是现在新印发的《义务教育课程标准(2022年版)》,国家将劳动课程从综合实践活动课程中独立出来。笔者认为这种安排是为了优化课程设置,更好地落实劳动课程的现实需要。笔者还注意到《课程标准》在课程理念中强调“实践为主线的课程结构”“加强与学生生活和社会实际的联系”“倡导多样的实践方式”,在劳动过程指导建议中强调要从“真实的劳动需求出发创设情境”,从“真实的问题出发,明确劳动任务”等,这与综合实践活动课程的理念也是一脉相承的。

在本书第六章所提供的新时代劳动教育课程项目案例,尽可能地覆盖《劳动课标》规定的十大任务群,实现全学科、全活动方式的融合。

三、设计制作为实践主线,完成一个作品(产品)

对于设计制作的表达,最早见于官方文件《中小学综合实践活动课程指导纲要》。该文件提到设计制作是综合实践活动的主要活动方式。“设计制作指学生运用各种工具、工艺(包括信息技术)进行设计,并动手操作,将自己的创意、方案付诸现实,转化为物品或作品的过程”,它注重提高学生的技术意识、工程思维、动手操作能力等。

作为综合实践活动四大活动领域之一,劳动技术项目的设计应以设计制作为主线,围绕“创意设计”“选择活动材料或工具”“动手制作”“交流展示物品或作品”“反思与改进”这些关键要素,设计驱动性问题,最终物化完成一个作品(产品)。

新印发的《劳动课标》指出:“引导学生要通过设计、制作……方式获得丰富的劳动体验,习得劳动知识和技能……”由此可见,设计制作仍然是《劳动课标》提倡的主要实践方式。

与综合实践活动课程里的设计制作出来的作品稍有不同,《劳动课标》里的作品的范围不仅包括上述具有某项功能实现的产品模型或原型,也包括设计一种活动方案,如“父母单位一日体验活动”等,也包括成功开展一次为特定人群组织的公益服务,如“端午节去敬老院慰问老人”“为边远山区孩子捐助衣服、书籍”等。

四、成果呈现的方式选择

加德纳的多元智能理论认为每个学生的智能都有自己的强项,教师要充分利用学生的个体差异,充分创造条件,发挥每个学生的优势智能。因此在劳动教育项目的设计中,希望在小组协作完成任务的过程中,学生可以利用自己的优势来完成各自承担的任务,使得各自的优势智能得到发展。演讲、辩论、绘制设计图,撰写小发明设计方案,制作的实物模型,制作科学微电影,研究报告,美篇等都可作为成果呈现的方式。

第二节　新时代劳动教育课程项目实施的原则

本章所探讨的项目开发和实施原则,二者既有联系又有区别。项目开发与实施,是项目产生、发展、结束链条中的一环,这些环节中有一些规律性的认识,应遵循的一些原则,会对项目成败产生影响。这是二者之间的联系,区别在于项目开发的原则,一般见于项目实施之前。回答的是“我们需要什么样的项目”的问题,或者说“好项目的标准在哪里?”而项目实施的原则,考虑的是“如何实施好一个项目”的问题。如前所述,我们在第三章探讨了劳动教育课程项目的产生,实际上给出了劳动教育的最重要的实施原则,即"用项目去驱动课程,用课程来规范项目"。除此之外,本节将分享另外三个原则。

一、逆向设计原则

逆向设计原则即理解为"先教学设计模式"(Understanding by Design,简称UbD),为美国教学改革专家格兰特·威金斯和杰·麦克泰提出。其主要主张可概括为"意义学习,理解为先"。即教学让学生置于一个有意义的情境时,理解才会发生,学生才会把获取知识当作一种方法而不是最终目的,从而更加主动地参与学习,享受学习的乐趣。基于此,UbD重构了教学设计的一般过程:确定预期结果——确定合适的评估证据——设计学习体验与教学。从期待"学生学会什么"出发,"以终为始"设计"学生何以学会"的过程。这在顺序上有别于传统的教学设计,因此又被称为"逆向设计"。因其"更好地体现了为理解而教""更好地发挥了学生的主动性""更好地促进了知识的迁移""更好地实施教学评估"[①]等优点,成为目前落实核心素养的一条切实可行的途径。

采用UbD逆向设计,构建评价量规,"以终为始",打通核心任务和项目成果间的联系,保证指向劳动素养的问题链、任务群的设计。UbD逆向设计,运用到劳动教育中,应置于这样一个逻辑路径:我们希望学生在其中学到什么?比如劳动观念、劳动精神,劳动能力等;其次要提炼出学科的核心知识、关键能力、必备品格。这就要让核心素养真正落到学科上。建构项目核心任务,驱动性任务,形成完整的任务链、任务群;然后要在项目的组织实施及检测评价上,构建项目评估证据以及如何评价。最后设计活动,完成任务,形成阶段性或终结性的成果。这样从核心任务到项目成果,

① 盛群力,何晔.意义学习,理解为先——UbD模式对课堂教学改革提出的新建议[J].课程教学研究.2013(08).

形成一个闭环。

以“居家生活小匠人”项目为例。为了谋划好那个“好的开始”，在实施项目之前，我们利用问卷星，调查了学生曾参加过哪些家务劳动，会使用那些劳动工具，喜欢开展哪些工具的实践研究，在此基础上，指导学生招募开发团队，提出项目的核心任务：开发居家生活劳动工具使用教程，帮助其他同学正确使用劳动工具。随后，教研组组织教研活动，编制课程地图，研讨制定评价量规，逆向设计“劳动工具我知道——劳动工具我会用——劳动工具我改进——美篇制作我能行”四个子项目，每个子项目都有驱动性的任务，保证项目的阶段性成果和最终成果与核心任务的高度一致性。

二、项目课程地图

整体学习理论认为把学习材料当作一个整体，先在头脑中搭好一个框架，以求得到一个全面直观的了解；然后注意其细节，最后记住它们之间的联系。地图的制作，可以看作是整体学习理论的贯彻应用。

地图是人们认识世界的一种工具。在教学中，我们可以按照整体学习理论，依照地图的体例，编制项目课程地图。项目课程地图是项目课程化的产物，可以看作是一种教学流程，主要起到让参与者知晓与项目课程的发生、进展及结束相关的一些事宜。项目课程地图为项目的计划、组织实施、评价提供了依据。它既是方向又是目标，调控整个项目开展的走向。注意每次活动开始和结束时，需要教师引导学生再次回顾这张图。项目课程地图可参照第六章的项目。

三、参考适用对象，教学内容尽可能分层，活动方式尽可能多样

一个成功的劳动教育项目，大体要遵循两个认识规律：一是教育对象

的认识规律；二是的教育内容的认识规律。教育教学的初心在哪里，怎样才能做到"眼中有人"？除了前述的 UbD 逆向设计之外，从教育对象出发，在"最近发展区"使劲儿，才能事半功倍。

围绕大概念进行课程设计，是当前课程设计的一个热点。那么劳动教育项目设计需要整合的大概念是什么？《劳动课标》规定了劳动课程的核心素养内涵：

一是劳动观念。尊重劳动，尊重普通劳动者。让学生树立劳动最光荣，劳动最崇高，劳动最伟大，劳动最美丽的意识。

二是劳动能力。学生会使用常用工具和基本设备，提高设计操作能力和团队协作能力。

三是劳动习惯和品质。让学生能够自觉自愿、认真负责、安全规范、坚持不懈地参与劳动，形成诚实守信、吃苦耐劳的品质。珍惜劳动成果，杜绝浪费。

四是劳动精神。继承中华民族勤俭节约、敬业奉献的优良传统，弘扬开拓创新、砥砺奋进的时代精神。

围绕以上四个目标，劳动教育的教学内容应尽可能做到依教育对象的不同而有所区别。就"收纳"这一主题为例，包含了多项日常劳动技能。低年级的学生眼里的"收纳"，可能就是自己学习用品（笔袋、书包）的整理；中年级的学生眼里的"收纳"，拓展到学习空间（书桌、书房）的整理；高年级的学生眼里的"收纳"，可拓展到生活空间（厨房、冰箱、行李箱）的整理。这是一条从微观到中观一直到宏观的逻辑生长路线，或者说是一条由自身到家人再到他人，由自理到条理一直到管理的育人路径。在劳动能力维度上，学生对于收纳的基本原则和工具，经历从了解到理解到具备收纳能力进而拓展运用到生活中的各个方面。在劳动观念、劳动习惯及劳动品质等维度上，学生对于收纳的目的及意义，经历了从愿不愿意收纳（劳动），信不信收纳（劳动）是改善美好生活的一种手段，到会不会收纳（劳动)，能不能根据需求自主、灵活地完成收纳任务，一直到坚持不懈地学习、积累和运用收纳方法，持续不断地改进收纳(劳动)，形成自我管理、服务他人，勤于劳动，乐于生活的劳动品质。在劳动精神的维度上，从服务自己到服务家人一直到服务他人(社会)，激发学生养成勤俭节约、敬业奉献的劳动精神。

同样，教学方式选择也应依教育对象的不同而有所区别。仍然以"收纳"这一主题为例，低年级的学生以教师演示和学生练习为主，即教师亲身演示收纳的方法，学生反复练习动作，形成一定的技能、技巧及行为习惯；中年级的学生除了演示法和练习法之外，在习得一定收纳方法的基础上，以教师讲授、课堂讨论为主，获得收纳的目的及意义的认识；高年级的学生以实习法为主，将收纳范围推广到生活社区，培养学生解决生活实际问题的能力。

第五章

新时代劳动教育课程项目的实施

《纲要》指出，中小学要推动建立以学校为主、家庭为基础、社区为依托的协同实施机制，形成共育合力。这就规定了学校在劳动教育实施中的主体责任。《劳动课标》对这种主体责任概述为“指导”。具体表现为学校对劳动项目开发的指导、对劳动过程的指导、对劳动周设置的指导及与家庭、社区协同开展劳动教育的指导等几个方面。这种表述方法强调以学校为主体责任，强调以学校为抓手组织实施，代表国家在劳动教育实施上的主流认知。我们在坚持学校指导作用的基础上，希望通过课程项目，以项目为抓手，把学校、家庭和社会联系起来，建构起学校与家庭，学校与社区，家庭与社区共育发展的实施机制。有鉴于此，本章从课程项目的选择、组织、设计、实施和评价五个方面，阐述项目的发生、发展及结束的过程。

第一节　课程项目的组织

如《管理学原理》这本书中描述的那样，管理就是在特定的环境中，为实现组织目标对组织内部、外部资源进行计划、组织、控制的过程。开展新时代劳动教育项目也是一个管理的过程。项目组织是一个项目实施的过程,仍然离不开人财物的合理安排。在新时代劳动教育项目的组织中,工具的运筹安排以及与之相适应的评价量表的设计,是项目组织必须要考虑的事情。

一、以工具为驱动,实现人与工具的合理配置

新时代劳动教育内容广泛、实践性强、对工具和材料的依存度高。《劳动课标》提出了"劳动场域"的概念。指出"劳动场域是项目实施的基础条件"。劳动场域包括"劳动场所、工具设备、材料及劳动文化氛围等"。为保证劳动教育的实施,《意见》《纲要》就针对不同的实施主体,给出了具体的实施途径。地方政府要"丰富和拓展实践场所",针对现有实践场所,"建立健全开放共享机制""安排一批学农实践基地""认定一批服务性劳动基地""满足学校多样化劳动实践需求"。学校要"建好配齐劳动技术实践教室、实训基地,丰富劳动教育资源"。

无独有偶,较之于《意见》《纲要》,之前颁布的《中小学综合实践活动课程指导纲要》也对此做出专门的安排。"学校要为课程的实施提供配套硬件资源与耗材,提高现有实验室、图书馆等教学设施的使用效益,建设专用活动室或实践基地,如创客空间;地方教育行政部门要加强实践基地建设,为学校利用校外资源提供政策支持。"

在劳动教育项目的实践中,校内建设一个劳动实践室(创新实验室、创客空间),配备必要的工具,开发自己的课程;校外加强与几个社会劳动实践基地的联系,共同开发课程,以上两种途径是我们项目成功开展的基本经验。

项目工具优化的主要指标有二:

一是安全性。开展新时代劳动教育项目必须确保学生的安全。《意

见》里提到“多方面强化安全保障”“建立政府、学校、家庭、社会共同参与的劳动教育风险分散机制，鼓励购买劳动教育相关保险，保障劳动教育正常开展”。

在我们项目的实施，设计制作、创意物化是其中一个目标。操作过程涉及如3D打印机、激光雕刻机、金工等工具和设备，存在安全隐患。因此教师应将安全教育作为项目的一个重要组成部分，安排专门的时间组织学生学习项目的操作规程，学校应严格执行安全检查制度，配置必要的安全设施。

二是经济性。新时代劳动教育项目课程涉及的材料、设备工具等应符合经济性的原则，做到既经济又安全，具有简洁轻便、易于采集、成本低廉、便于重复使用和安全可靠等特点。

二、项目工具设计

除了活动所需的一些必要的硬件工具之外，新时代劳动教育项目的开展还需要设计与活动开展所需要的一些表格工具。如为生发创意，做出猜想和假设而进行的“头脑风暴”量表，实验数据的收集筛选和运用的工具量表、过程性评价量表和结果呈现工具量表等。

量表设计的目的，如前所述的课程地图一样，都是为了保证项目围绕达成既定目标而进行。量表设计的原则是保证项目问题链的完整性。如项目要解决什么问题、解决这个问题需要开展什么活动、这些活动会产生什么结果和影响、这些结果和影响如何衡量等等以保证项目各环节形成清晰的逻辑关系。在本书第六章的案例分享中，量表随处可见，发挥着组织、调控、评价课程的作用。

第二节　课程项目的设计

任何一项项目或者活动都是与人有关,组织一定的人,在一定条件下(物质或精神条件)完成具有一定任务(挑战性、真实任务),达到一定目的的过程。因此需要对项目要素进行设计,设计的结果就是项目方案。一般来说,劳动教育项目方案的设计包括以下基本要素。

一、项目目标

如前所述,项目方案的"逆向设计原则",是一种"以终为始",它能打通核心任务和项目成果间的联系,保证指向核心素养的问题链、任务群的设计。在劳动教育项目的实践中,由于项目学习所面临如课时分割跨越时间长(一周一节课)、活动空间转换等问题,项目常常面临虎头蛇尾或中途夭折的局面,所以从操作性的角度而言,采用"逆向设计原则"有利于贯通项目的始终。所以最初的考量就是项目目标了。在素养体系下活动要达到一个怎样的目标,怎样证明达到了目标?

(一)项目背景

项目背景,即项目内容的背景分析。项目内容是项目的核心,是联系教师和学生的桥梁。内容确立的依据就是项目的背景分析。大体上可以从以下几个方面来分析。

1. 现实依据

现实讲清楚要开展的项目(课程)在大的背景下的方位。它注重的是构建真实的问题情境。真实的问题情境的重要性我们前述已经谈及,另外一个特点就是想发设法让其有意义。有现实意义,最好和大的事件相联系,讲好中国故事。还要让其有趣,一个大道理,小学生不一定懂,最好让其内涵在朴实有趣的活动中和主动解决问题的实践中展现出来。

2. 课标依据

课标讲清楚要开展的项目(课程)的目标。比如劳动教育的目标就是热爱劳动,热带劳动人民的教育。可以从劳动态度、劳动能力、劳动习惯和品质、劳动精神四个方面来把握,课程内容来源于生活劳动、生产劳动、服务型劳动以及综合劳动(职业体验、设计)。无论是什么样的劳动教育项目,都应该在此基础上开展。

3. 教材依据

教材讲清楚落实要开展的项目(课程)的文本。由于各种原因,劳动教育教材文本不会像学科类教材文本一样,具有相对独立性。这一点可以在《纲要》中可以看到:“基于劳动教育教学的实际需要,省级教育行政部门明确中小学劳动实践指导手册编写要求,体现一纲多本,满足不同地区学校的多样化需求,负责组织审查。”这样,我们编写教材的依据就是各省级教育行政部门颁布的中小学劳动实践指导手册。同样这样的教材编写会带来几种可能,或者照顾了地方的特殊性而使得教材有了生命力,或者削弱了教材的严肃性。

(二)项目描述

在背景分析的基础上,直观描述项目做什么如何做,以及想达到的效果。

(三)驱动问题

驱动问题,是推动项目发生、发展、结束的指向标。驱动问题通常就是一个大问题,以问题开始,以问题解决结束项目。驱动问题可以分解,指向一个个预期成果,实现一个个分目标,最终实现总目标的达成。

(四)其他关键要素确定

1. 授课教师与项目实施对象

授课教师有什么样的要求?可以从项目本身内涵的STEAM因素,教师学科背景、知识储备、组织经验等几方面来综合考虑。当然,一般而言,劳动教育项目的授课教师应以劳动课教师、综合实践活动或科技活动辅导的教师为主,班主任或项目涉及的其他学科教师参与为辅,还可以聘请区域相关方面的专家为校外辅导员。

实施对象是学生,学生是哪个年级那个学段,对项目的前知识了解程度如何,对项目涉及的知识的兴趣,是浓厚抑或一般?如果在兴趣一般的情况下,教师有什么方法激发学生参与的兴趣呢?通常意义来讲这些考虑要素就是我们学科教案里的学情分析。一般而言,劳动教育项目的实施对象可以是一个班级的学生,这是基于实施对象身心特点相似、知识结构相似以及便于操作实施等因素决定。当然可以是一个年级的不同班级里的部分成员,组成一个新的小组(团队),也可以是跨年级跨学段的学生组成的小组。

需要指出的是,在我们案例中,授课教师与项目实施对象的选择,除非特别指出,一般遵循以上原则。因此,在其后呈现给大家的案例中,大家可以发现,授课教师与项目实施对象这一要素,有时出现,有时没有出现。

2. 确定实践地点、项目开设方式、教具学具

与其他学科相比,劳动教育项目的实践地点、项目开设方式、教具学具等因素,是需要重点考虑的。不同的项目也会对这些因素产生影响。有些项目的实践,可能就在我们传统意义上的普通教室,也可能在劳动教育专用教室(劳动实践室),也可能在田间地头、工厂车间,还可能在家庭或者

其他的服务场所发生；其开展的方式，可能是讲解式、操作式，也可能是项目实践；教具学具就更加复杂多样了。

3.确定项目内容

与项目背景分析、项目描述相比，此处的确定项目内容就微观了，具体到每一节的课时安排。

（五）项目目标

在明确以上要素的基础上，项目的目标清晰了、聚焦了，目标和预期的成果就关联起来了。在劳动教育项目的实践中，可以直接套用《劳动课标》里的四大核心素养内涵：劳动观念、劳动能力、劳动习惯和品质、劳动精神。也可以借鉴综合实践活动的目标表述，分为价值体认、责任担当、问题解决、创意物化四个方面。二者具有一致性。这是因为价值体认呼应劳动教育中的“身心参与”“动手实践”“亲历劳动过程”并以此促进劳动价值观形成；责任担当呼应劳动教育中的“报效国家，奉献社会”并以此引领“日常劳动”“服务型劳动”习惯的养成；创意物化呼应劳动教育中的“生产劳动”并以此提升劳动能力；问题解决呼应劳动教育中的“手脑并用”并以此激发创新创造的劳动精神。因此在本书第六章所提供的劳动教育案例中，项目课程目标采用了综合实践活动的目标表述。

二、项目评价

评价是与目标直接相对应的。它要回答两个问题，一是回答“用什么来评估项目达到了目标”。即项目达不达标，看什么？看项目结果。进一步说就是预期结果与呈现方式的确定。这是在项目开展之前就要确定的。二是回答“怎样证明项目达到了目标”。即确定合适的评估证据，符合哪几项要素就评估为合格、良好或者优秀？与第一个问题预期结果相比，第二问题评估证据,就显得不那么迫切,可以在项目实践中不断吸收和完善。这两个问题是:一是确定预期结果与呈现方式。二是确定合适的评估证据。

我们在评价的过程中,有时会发生每一项预期结果的评价量规过细过多,可能会削弱参与对象的积极性,所以需要在项目实践中根据变化情况做出调整,通常我们会做减法。如“编中国结,表学子情”项目,可物化的成果最初确定为思维导图、电子板报、实物作品、微视频、完整作品解说视频、美篇、二维码以及与作品相连卡片等八个部分。受疫情影响,我们对八个任务进行了简化,电子板报、实物作品、完整作品解说视频这三项为必做项目,其余为选做加分项目;有时也会发生过于注重细节指标而忽略项目整体的情形。

对项目整体做出评价,是一项重要的工作,有时也因种种原因被忽略。在我开发课程的前期阶段,从来没有想到过要对项目的整体情况做出评估,以至于常常陷入项目的具体指标里不能自拔。其实对项目整体做出评价,是站在更高的站位上看项目,它检验者开发者的视界有多高,跨界有多广和对现实的敏感度。项目整体评价一般可从项目的选题、目标、活动和环节四个维度来评价。下面是我们实践多年的项目整体评价的一般范例,使用者可以根据自己的认识来适当进行增删。

表 5-2-1　项目整体评价表(示例)

项目	评价要点	不达标	达标	良好
项目选题	落实课标的要求			
	与国家、地方及学校发展水平的契合度			
	与实施对象的契合度			
	情境建构的真实性、挑战性、合理性、开放性			

续表

项目	评价要点	不达标	达标	良好
项目目标	是否围绕学科知识和内容设计目标			
	与学科核心目标的一致性			
	目标本身明确、具体,可测			
	学生对目标的知晓性			
项目活动	教师活动设计合理			
	学生活动			
项目环境	硬环境构建的措施			
	软环境构建的措施			
	任务情境合理性			
综合定性				

三、项目教学

在确定项目目标和评价之后,项目教学开始就进入正式的项目实施阶段了。

(一)课程项目地图

项目课程地图源自前述的项目实施原则,即用项目驱动的方式去做劳动教育,用课程来规范劳动教育项目的展开。项目课程地图是项目课程化的产物,主要起到整体建构的作用。项目课程地图的种类很多,有的用框图,有的用流程图,一切依照使用者自己的习惯使然就可以了。

(二)项目前期准备

1. 教师准备

哪些因素要进入教师准备的范畴?这要取决于项目本身。除了包括传统学科的教师准备如教具和课件等，劳动教育项目的教师准备还要涵盖许多内容。大体上包括物质准备和组织准备。参见下表：

表 5-2-2　教师准备(示例)

教师准备类型	教师准备内容	教师准备形式
物质准备	1. 收集资料，开发活动资源包及任务驱动学习单 2. 筹备所需要设备工具，编制经费预算 3. 确定实践场所，实地踩点(如果有调查的话) 4. 进行可行性论证，确定整体活动方案	资料收集 电话采访 实地调查 问卷调查
组织准备	1. 成立核心项目组 2. 学情调查。如利用问卷星，组织学生进行问卷调查 3. 聘请校外专业人员 4. 组织动员 5. 确定选题，成立研究小组，分派任务，明确责任，开展活动	

2. 学生准备

哪些因素要进入学生准备的范畴呢？除了包括传统学科的学生准备如书、本、笔等，劳动教育项目的学生准备也要涵盖多项内容。如工具和材料的准备，可以按照易得易用、安全系数高的工具，简单又便宜的材料，由学生自己准备。那些安全系统较低、专业性强的工具和规范成本高的材料，一般由教师(学校)准备。又如支持性知识和技能的准备，学生可自己探索获得途径或是教师提供的文本、视频材料获得知识和技能的学习。完成这种准备，不局限于项目实施之前，也包括项目在进入实施阶段中的学习，在我们的项目，就安排了背景经验学习的活动，以弥补这种知识和技能的不足。

3. 项目重、难点及创新点

我们对项目理解越深越容易取得成功，取得事半功倍的成功。与传统学科课程相比，我们的劳动教育项目也要进行重难点的分析和把握。创新点的分析，是与目前现存项目相比，我的项目好在哪里？可以与自己比，也可以与他人比较，在立德、增智、强体、育美方面有新的突破，在学科渗透劳动教育方面有新的做法，或者是在发展学生劳动创新精神和实践能力方面有新的收获等，所有的这些不一而足，都可以进入创新点的范畴。

4. 安全预案

在学科课程的本身的教学中，基本上用不上安全预案。但在我们劳动教育项目实践中，多数项目是要进行安全方面的预案的。在《意见》第四部分“着力提升劳动教育支撑保障能力”章节，专门安排第十五条“多方面强化安全保障”部分。各地区要建立政府负责、社会协同、有关部门共同参与的安全管控机制。建立政府、学校、家庭、社会共同参与的劳动教育风险分散机制，学校建立健全安全教育与管理并重的劳动安全保障体系。① 在《纲要》第四部分“学校劳动教育的规划与实施”章节，专门安排“劳动安全风险防范与管理”内容，论及学校要建立的包括“活动风险防控预案”“完善应急与事故处理机制”“劳动教育相关保险”在内的安全教育与管理并重的劳动安全保障体系。②

除了以上宏观因素外，在项目实施中也应考虑微观因素，要有一个安全预案。以下是笔者带领学生通过多年的项目安全预案的微观范例，使用者可以根据自己的认识来适当进行增删。

表 5-2-3　安全预案(示例)

可能出现的问题	解决预案
1. 授课问题	
2. 安全问题	
3. 材料问题	
4. 方法问题	

---

① 中共中央国务院关于全面加强新时代大中小学劳动教育的意见[N]. 人民日报，2020-03-27(001).

② 大中小学劳动教育指导纲要(试行)[J]. 教育科学论坛，2020(24)：3-11.

续表

可能出现的问题	解决预案
5. 学生兴趣问题	
6. 时间安排	
7. 其他可能出现的问题	

(三)项目实施

明确了以上因素或者做足前期准备后,项目就进入正式的实施阶段了。项目实施就是基于前述因素分析而形成的活动方案并展开的关于项目发生、发展和结束的过程。出于易于操作的考虑,一般可从活动阶段、活动内容、教师行为和学生行为四个方面来把握。以下是项目实施样表。

表 5-2-4　项目实施(样例)

活动阶段	活动内容	教师行为	学生行为
项目建构			
背景经验			
实践体验			
成果表达			

总之,项目方案的设计,有点类似于剧本,是一项需要精心打磨的过程。大体上看,方案的设计需要考虑三个大项:即项目目标、项目评价和项目实施。但在每一大项下面又有许多子项。这些子项有时也很重要,可能关乎项目的成败。这是因为我们的劳动教育项目,不像学科类课程一样有上百年的历史,我们的项目虽然年轻,但是一门实践类较强的课程。为了便于读者参考使用,我们整理一个样表。

表 5-2-5　项目方案的设计样表

项目阶段	项目内容
项目目标	1. 项目背景
	2. 项目描述
	3. 驱动问题
	4. 其他关键要素确定 (1)授课教师与项目实施对象 (2)确定实践地点、开设方式、教具学具 (3)确定项目内容
	5. 项目目标
项目评价	1. 确定预期结果与呈现方式
	2. 确定合适的评估证据
项目教学	1. 项目课程地图
	2. 项目前期准备 (1)教师准备 (2)学生准备 (3)项目重、难点及创新点 (4)安全预案
	3. 项目实施

第三节　课程项目的实施

万事俱备只欠东风。项目只有进入实施阶段,之前所有的计划、组织等活动,才会有意义。为了让项目得到科学有效的实施,需要在总结以往实践规律的基础上,形成一套完整合理的程序或流程。以此关照劳动教育课程项目,我们认为它本质上是一种实践类项目,与常规的教学有很大的不同。再者,我们认为当前真正意义上有效开展的劳动教育项目还不多,距离具有普遍指导意义上的模式尚有一定距离,这就是本书没有采用常规教学中常言的“教学模式”,而是采用“教学流程”。为推进“教学流程”的使用,本书给出了包括资源利用管理、活动形式管理、实施途径管理和评价管理在内的四大实施意见。

一、新时代劳动教育课程项目的教学流程

如前所述,课程地图规划了项目的实施。从方便教师教学的角度出发,项目的实施需要一种教学流程,一种教学模式。在新时代劳动教育项目中,教学流程,一般是指驱动教学进行的相对固化下的程序或步骤。它更多指向教师为开展教学形成相对固定化的程序。

但是我们也应看到,如前所述的“教学双主体”的基本特征,决定在新时代劳动教育项目的实施中,教师除了关注项目外在因素之外,也应该关注项目内在驱动因素的发挥。如上所述的“跨学科”“真实情境下的问题解决”“综合技能培养”等都可以看作是项目内在的驱动因素,因为这些都是与个人主动学习、深度学习以及兴趣学习相关。

新时代劳动教育课程项目的教学流程,有以下四个环节:

第一个环节是项目建构。从真实的情境中抽象出问题并确定项目任务(关键性驱动问题)。如设计制作一张反映区域绿色生活的地图,或者设计制作一辆能够载重并具有动力的小车。

教师在实施项目之前,一般要形成一份完整的项目活动方案,包括对活动对象、活动时间,活动场所及工具使用,安全问题及预案,成果呈现及评价标准等,并且应有适当的方式如启动会、国旗下讲话等整体建构给学生,必要是也应该包括专门人士、校长、家长及其他人群参与。

第二个环节是背景经验活动。分解关键性驱动问题为可探究的子问

题，教师根据问题的类型特点实施相应的指导策略。有些问题是可以通过学生努力实现新旧知识的转化，有些问题恐怕依靠学生的努力较难突破。因此需要教师介入帮助学生解决这些问题。为这些问题的解决而开展的活动，称为背景经验活动，其目的是帮助学生建立起项目开展所需的知识和技能与学生已有知识、技能的关联。在背景经验活动中，“教师要对项目操作的方法加以提炼”“这些方法需要学生通过模仿、巩固的过程才能够真正掌握”。如在绘制绿地图的项目中，我们安排的活动包括图例、实地考察、使用 GPS 数据采集器和 GIS 绘图软件等知识和实用技能的学习。

第三个环节是实践体验。学生独立或小组设计解决问题的方案，实施解决问题方案，完成项目任务。

以设计制作类劳动教育项目为例，方案筛选完成以后，就要开始制作模型了。一般来说，对于小型简单的产品可直接制作完成产品的原型，而对于大型复杂的产品应先制作缩小的模型。就我们进行的项目而言，一般是直接制作产品的原型。模型制作包括两个阶段即绘制图样和制作模型。图样既可以手工绘制，又可以用计算机辅助绘制。有了加工图样，准备好原材料和各种制作工具，然后按图纸进行制作。有条件的话，可以将设计模型用 3D 打印机打印出来。

模型制作完成之后，需要根据需求进行测试、评估和优化，有时还需要编制项目实物作品说明书。说明书是联系生产者和使用者的桥梁。说明书的内容一般包含名称、用途、原理、性能、构造、规格、使用方法、保养维护、注意事项等内容。在学生所编制的说明书中，大都采用条款式。

需要指出的是组织方式。学生是依靠自主还是依靠小组解决问题、完成项目，这取决于项目本身。以日常生活劳动的开展为例，由于此类劳动多发生于家庭，所以此类劳动教育一般以家庭为主要组织方式。家庭是天然的劳动合作体，家长的言传身教，都会对学生个人的生活产生影响。从个人物品的整理、清洗到参与家居清洁、收纳整理，制作简单的家常餐，家长可以放手让孩子独立完成,也可以和孩子合作完成。又如服务性劳动教育,校园卫生保洁,垃圾分类处理等公益劳动,一般宜采用小组合作完成。

第四个环节是成果表达。以感受体会、研究报告、方案设计、模型制作、说明书、摄影摄像作品、美篇等方式,通过报告会、展览、大赛等形式呈现成果。成果表达的主要目的在是优化方案,反思交流,榜样激励,落实劳动素养评价,发挥育人导向,反馈改进的功能。

二、项目实施意见

为了推广项目的成果,方便他人的使用,项目实施意见还是要有的。这与科学成果的可重复性验证实验的道理类似,否则可能会引起他人的疑惑。当然它也类似与我们教学的反思,为了教学更好地服务于学生和自己的专业成长,教学反思是十分必要的,在许多优秀教师的经验分享中几乎无一例外提到。项目实施意见提供的是项目开发者在经历几轮验证之后的意见(注意事项),是对项目全过程的反思。下面我提供几个一般性的实施意见,这在每个项目案例中都会有所体现,这是由项目的普遍性(共性)决定的。但项目的特殊性又会有突发事件发生,会收到意料之外的收获。其实,特殊性出现多次就是一般性的意见。

(一)项目资源利用管理

毫无疑问,几乎每一个劳动教育项目的开发都绕不开资源利用管理这个问题。

1. 时事性资源

时事性资源具有政治性、突发性以及传播时间广、影响面大等特点。利用好这种资源,让项目具有时代特色,打上时代的烙印。

(1)突发性公共卫生事件

如2020年突发性的公共卫生事件牵动着全国人民的心。这是一个真实的问题情境。劳动项目“编中国结表,学子情”就应运而生。

学生们将亲手制作的中国结赠送给医护人员、社区工作人员和志愿者,作品完成的数量和质量成为孩子们爱国情怀的试金石,为项目的持续进展奠定了基础。

当然,此次疫情造成的学生居家学习的环境,为学校教育和家庭教育的加强合作提供了机遇,为学生的生活教育和劳动教育提供了条件。教育部发布的《关于中小学延期开学期间“停课不停学”有关工作安排的通知》,客观上减轻了学生的学业负担,也为学校开展劳动项目赢得了时间。

(2)大型体育赛事

体育无国界。毫无疑问,体育具有无与伦比的影响力。在中国,体育活动正在影响着每个人的生活,全民健身正成为中国人自信自强,走向世界舞台中心的强大基础。

如2008年北京夏季奥运会以及2022年北京冬季奥运会,这些具有世界影响的体育赛事,成为传播我国传统手工技艺、弘扬传统文化、展现当代中国的现代技术(黑科技)的绝佳时机。在这些大型的赛事中,我们总能看到中国结、风筝、包饺子等传统手工劳动技艺点缀其中,为开发劳动教育项目提供了源源不断的机遇。例如劳动教育项目“为在奥运会开幕式上见到风筝的身影举证”就演化成一个融合劳动技术、科学、工程、数学、美术、政治等学科的跨学科的教育实践活动。

(3)传统节日

我国的传统节日融合了我国劳动人民的劳动智慧。二十四节气就是一部年复一年、不断更新的劳动人民辛勤劳作的历史。那首流传甚广的民谣《春节谣》就安排了从腊月初八一直到来年正月初六的所有活动事宜。像“腊八粥”“扫房子”“买(做)新衣”“蒸馒头”“包饺子”等劳动,都是开展家庭日常生活劳动的绝佳时机。例如劳动教育项目“《春节谣》里的那些事儿，你会做几样？”就取材于此。

(4)非物质文化遗产——传统工艺

伴随现代技术的进步，那些传统的技能及相关的工具正逐渐退出大众视野。为保护这些传统工艺，联合国教科文组织将传统工艺列为非物质文化遗产的申报范畴。

传统劳动和传统工艺项目是劳动教育项目的重要来源之一，在发挥劳动育人功能方面发挥重要作用。“在安排生产劳动和服务性劳动项目时，中小学要以使用传统工具、传统工艺的劳动为主，引导学生体会劳动人民的艰辛与智慧，传承中华优秀传统文化。”[①]“非物质文化遗产进学校”活动就是在劳动教育项目中让学生学习传承传统工艺，这既有利于保护非物质文化遗产，又有利于开展劳动教育。因此这二者是一种互为促进，相得益彰的关系。

(5)地方性的大事件

鼓励全民参与行动的地方性的大事件，比如“创文”“创卫”。地图就是直观且有说服力的媒介了。北斗(GPS)技术的应用，不也是劳动工具的创新吗？劳动教育项目“绿地图反映创卫新变化”就来源此。

2.学习教材、学校特色资源和社会(区域)特色资源的利用

出于可操作性的原因考虑，在选择劳动教育项目时，尽可能选择教材有的、学校已有的特色资源或是学校周边(区域)的资源加以利用。

如劳动教育项目“编中国结，表学子情”就是利用这种优势。一是取材于天津市九年义务教育劳动与技术教材编写组编写的《劳动与技术》中编绣项目中的内容。这为本项目的开展，奠定了知识和技能上的准备。二是大港区域手工编织中心位于我校附近，他们可以为项目提供专业支持。

① 大中小学劳动教育指导纲要(试行)[J].教育科学论坛，2020(24)：3-11.

三是网络资源和网络工具，如微信群，教师助手、微信美篇为授课及项目运行提供平台。四是大港医院、大港社区为项目的运行提供了评价的支持。五是由于疫情造成的居家学习办公，为高质量地开展劳动教育项目奠定了基础。手工作品——中国结成为联系学生和家长的桥梁。比如本项目中学生要上交自己编制的中国结微视频，这就需要家长帮忙录制。还有美篇的制作，需要得到家长的支持。疫情期间，许多家长被迫“宅”在家中，从另一个角度看也是项目成功的关键。

(二)项目实践方式管理

丰富多彩的实践方式对劳动素养的形成具有积极能动效果，有利于学生全身心地投入劳动情境，在亲身体验劳动实践过程中获得丰富的劳动体验，习得劳动知识和技能，获得关于劳动的信念信仰和品格特征。这一信念信仰和品格特征就是劳动习惯和品质，就是劳动精神，一经形成便是永恒。对于社会主义建设者和接班人精神面貌的塑造具有关键作用。

基于真实问题情境下的问题解决，是项目成功实践的关键。学校应尽量为学生提供真实体验的机会，综合运用考察探究、设计制作、社会服务和职业体验等实践方式，充分利用现代信息技术手段，采取线上和线下相结合的实施策略，推动项目的可持续发展。这给我们课程设计和实施者带来的启示即在设计项目前夕，就要整体规划，尽可能地从这些实践方式的视角出发，选择合适的劳动实践内容。

如在水项目《引江水来之不易，天津人惜之别怠》中，学生深入北大港水库，与大港水质检测站技术人员一起采集水样，进行水质检测，体验他们的生活，这是考察探究和职业体验方式的综合；在此基础上学生要采访沿河两岸的居民，观察他们的生活状况和需求，设计制作出符合当地人使用习惯的节水装置，这是考察设计制作的综合方式；学生利用科技周、世界水日等节日契机，走进市民，宣传他们的劳动成果，做节水和湿地保护的大使，这就是社会服务的实践方式。

除了整体上规划，综合运用这些实践方式之外，《纲要》还对实施课时、途径进行了统筹管理。具体表现为：

(1)与通用技术和地方课程、校本课程等有关内容进行必要统筹；

(2)在学科专业中有机渗透劳动教育；

(3)在课外校外活动中安排劳动实践；可以从中小学每周课外活动和家庭生活中劳动时间中统筹，可以从每学年设立劳动周来统筹；

(4)在校园文化建设中强化劳动文化。成立小组、社团等组织形式，利用五一劳动节等节日开展“劳模大讲堂”“大国工匠进校园”等活动，让师生在校园里近距离感受劳动模范，聆听劳模的故事，观看他们精湛的技艺。

这给我们课程设计和实施者带来的启示有：一是通用技术和地方课程、校本课程的任课教师协同合作实施，或者直接兼职这类课程，我们鼓励学校教学管理者将课程进行整合并实施，这样使劳动教育课程项目的落实就有了保障；二是和其他学科科任教师合作，将劳动教育课程项目内容进行分解，与其他学科相联系的部分交给学科教师去做；三是利用学校的“劳模大讲堂”“大国工匠进校园”活动，由专业技术人员讲解劳动教育课程项目里的技能指导；四是劳动教育课程项目里练习实践这一内容，安排在每周的课外活动和家庭生活中劳动时间进行，总结交流和成果展示部分则利用劳动周进行。

在水项目中我们的实施路径统筹如下：

(1)利用校本课程邀请相关专家为学生举办“天津水资源”的专题讲座，从不同角度介绍政府为解决天津缺水问题而采取的措施。

(2)利用劳动技术课程时间，在“创客空间”教室讲解小发明设计方案和技术发明报告等相关知识；

(3)利用生物课堂和化学课堂。在户外或生化实验室，教师现场示范水样采集、浮游生物标本采集，示范便携式水质检测仪的使用，使用显微镜，完成对浮游生物的鉴定。

(4)利用综合实践活动课，教师进行选题、活动方式及结果呈现方式等方面的指导。如绘制思维导图、书写考察报告、宣传单的设计制作及活动礼仪等。

(三)项目评价管理

在劳动教育项目实施之前，我们需要提前确定项目目标、可能达到的预期效果及呈现方式。下面就效果评价标准构建方面提出一些建设性意见。

每一类成果的评价量规的构建，都要发挥学生的主动参与。当然教师的操作演示、范例作品是十分必要的。与优秀学生的优秀作品所产生的积极意义相比，教师的作用还有一定局限性。总有一部分学生会积极行动起来，先行完成作品，我们就发挥这一部分学生的榜样带动作用，采取“先富”带动“后富”的原则，在欣赏这些优秀作品的同时，评价量规就自然产生了。这样量规的产生就会具有了一定的公认的“法律”效力，每个班级的量规在保持整体协同的基础上义具有一定的独立性，鼓励学生在认真学习量规的基础上完成作品，实现作品的二次或多次迭代，以体现工程设计的思想。关于课程项目的评价，第四节将有更为全面和具有实操性的说明。

第四节　课程项目的评价

评价是项重要工作，大体上有诊断学情、促进教学和学会学习三种作用。在劳动教育项目的实践中,如前所述,由于我们采用了格兰特·威金斯和杰·麦克泰提出“逆向设计原则”,即确定预期结果——确定合适的评估证据——设计学习体验与教学。因此我们在项目开始之前,就要按照这样的逻辑路径设计项目,以便更好地落实学科核心素养。

一、评价目标

坚持正确的育人导向,树立正确的劳动教育价值观,充分发挥劳动教育“树德、增智、强体、育美”的育人功能。

探索新时代劳动教育项目课程的实施路径,为劳动教育与其他四育的融合提供路径。

二、评价主体

评价主体即项目由谁来做出评价。坚持评价的多元化,尽可能地接近实施对象的“真实”状态。尽可能地引进各种评价主体,也是家庭、学校、社会、政府协同推进劳动教育的现实要求。

(一)学习者本人评价

自评,是常用的一种评价。孔子说“吾日三省吾身”,从这个意义上讲,每个人都需要自评,这是自评的客观必要性。“没有人比自己更了解自己”,这是自评的充分性。

(二)学习者之间的评价

小组互评是常用的一种评价方式。学习型小组之间要进行互评。

（三）教师评价

教师被认为是与学生最近的那个人，最理解学生的人。但事实上也并非如此。因为在现场，教师通常需要在教师教学和学生学习两种立场上考虑问题。站在教师的教学立场，教师评价通常是为了改进教学，提高教学质量。站在学生的立场上，教师评价旨在精准分析学情，帮助学生促进学习。

学习者本人评价、学习者之间的评价以及教师评价均是发生在课堂上的评价。因此需要引进课堂之外的评价。

（四）家长评价

家长通常不会了解整个项目的全貌，但是家长可以准确地纵向观察到孩子的改变。在劳动教育项目的实践中，教师可以安排一些需要家长参与完成的活动。

（五）学校评价

在劳动教育项目的实践中，学校处于重要的地位。通常意义上学校的作用在于为项目提供材料、场地或者工具的准备，同时学校也可以提供社会宣传的渠道，帮助项目提高影响力和辐射面。

（六）社区评价

在劳动教育项目的实践中，我们要坚持开门办劳动教育的理念，在项目实践指导教师的聘用、在项目开发的背景的设计上，在成果反映的渠道上尽可能地考虑到社区，让劳动项目变得更有现实意义。

（七）行业评价

劳动教育项目参加各级各类大赛，由行业评委会做出相对中肯的评价。

(八)媒体评价

可以理解为项目受到媒体关注。现在愈来愈多的人意识到受到媒体的关注,不见得就是好事。这是因为媒体的价值取向不见得和我们项目一致。这就需要课程设计开发者事先想清楚引不引进媒体这一问题。

三、评价内容(客体)

评价内容即评价客体,解决评什么的问题。在劳动教育项目实践中,一般从以下几个方面来评价。

(一)劳动方案

劳动方案规划了项目的发生、发展、结束的全部过程,规划了相关参与人员的权利和责任。良好的方案具有科学性、完整性和操作性强等特点。

(二)劳动工具(材料)

恩格斯指出:“劳动(生产)工具是生产力中起决定性作用的因素。”因此在劳动教育项目中,劳动工具(包括材料)的选择和使用、识别使用图纸的能力、使用信息技术的能力,应当进入评价系统并作为一个重要方面进行考察。

劳动工具的评价可以从劳动工具(材料)选择的合理性、工具使用的规范性和熟练程度等方面来考虑。根据使用对象需求的不同,工具的选择相应也会有不同。如在“编中国结,表学子情”项目中,使用到的劳动工具(材料)有绳线、泡沫板、珠针(大头针)、镊子(钩针)等。根据需求来选择绳子的粗细,一般而言,形大质粗的东西宜配粗线,雅致小巧的物件宜配细线。另外编制示意图的识别和正确使用,也是影响作品最后成品好坏的一个重要因素。

(三)劳动实践过程

劳动实践过程主要关注的是劳动实践过程中人的主观能动性作用的发挥。这是因为主观能动性是意识反作用于物质,引起物质发生变化的重要因素。一般从学生在实践过程中的参与度、主动性、积极性等几个维度来考量。在劳动教育项目的现场,教师可以近距离观察学生在活动过程中表现出来的规则意识、责任意识和吃苦耐劳、勤俭节约、安全劳动、创新劳动等劳动品质。

除以上提到的,劳动实践过程还应关注突发事件的处理。

(四)劳动实践结果

劳动实践结果可从物和人两方面来考察。可以从以下几个问题入手,比如项目达到预期效果了吗?解决实际问题了吗?劳动者的劳动能力提高了吗?劳动观念、劳动态度以及劳动者的精神面貌发生了预想的改变吗?

(五)其他建议

后续建议涉及但不限于项目本身。主要包括项目开发的建议,组织实施应该注意的事项,参与对象应该加强的技能,协同家庭、社区一体化参与劳动项目的建议等,这对今后做类似项目会产生影响。

除此之外,如同任何一项活动,都包含有某种经济学意义上的成本——效益分析,劳动教育项目也不例外。关注学生(劳动者)的劳动强度、劳动效率、劳动时长等劳动实践要素,也是需要根据项目的要求适时进行调整。

为了便于评价，我们设计一个样表。

表 5-4-1　劳动教育课程项目综合评价表(示例)

评价类别(一级指标)	评价要素(二级指标)	评价描述
劳动方案	设计、实验、活动方案的制定	是否做了完备的需求分析(对象、地点、时间等)，考虑是否充分，要素是否齐全，有无安全预案
		是否根据实施对象的特点采用不同的实施策略，组织方式是否照顾到每一个人
劳动工具(材料)	选择的合理性	基于项目，工具选择体现了简易快捷、安全实用、节约、环保的原则吗?
	使用的规范性	可以按照操作规程，规范、安全地使用工具?
	熟练程度	可以操作性地使用工具
	识别使用图纸的能力	正确识别图纸符号，绘制图样，依照图样加工制作
劳动实践过程	参与度	参与项目时间、次数等
	主动性	主动参与项目，兴趣维持时间长
	创造性	能够创造性地改变流程、改变设计方法等产生较好的效果
	劳动品质	学生规则意识、责任意识表现?学生吃苦耐劳、勤俭节约、安全劳动、创新劳动等劳动品质表现
	突发事件的危机处理	有无安全预案?是否做好安全培训?依照操作规程处理吗?
劳动实践结果	项目	项目达到预期效果了吗?解决实际问题了吗?
	学生(劳动者)	参与学生的收获，学生的劳动能力提高了吗?劳动观念、劳动态度以及劳动者的精神面貌发生了预想的改变吗?
	指导者(教师)	项目全过程沟通协调、指导作用的发挥
后续建议		

四、评价标准

评价标准解决的是用什么来评的问题。在劳动教育项目实践中,一般是指项目各项成果及项目本身评价量规的建设。

一般而言,可将项目成果依照活动实践方式划分为设计制作类成果、考察探究类成果、社会服务类成果和职业体验类成果这四种。下面提供这四种实践方式视角下的评价量规样表,大家可以根据实际需要选用。

表 5-4-2　设计制作类劳动实践评价量规(样表)

创意主题:____________

评价项目	评价内容(注意要点)	自评	组评	教师评
方案设计	需求对象明确,有一定市场前景 设计思路新颖,有一定实用价值 实现方案明确,有一定技术含量	☆ ☆☆ ☆☆☆	☆ ☆☆ ☆☆☆	☆ ☆☆ ☆☆☆
工具选用	材料选择合理,符合经济、实用原则	☆ ☆☆ ☆☆☆	☆ ☆☆ ☆☆☆	☆ ☆☆ ☆☆☆
制作过程	完整体现设计思维的五个步骤:同理心——需求定义——创意构思——原型实现——实际测试	☆ ☆☆ ☆☆☆	☆ ☆☆ ☆☆☆	☆ ☆☆ ☆☆☆
劳动成果	成果外观有一定的观赏性,作品演示效果好;内部硬件连接完整,程序编制科学,功能实现高	☆ ☆☆ ☆☆☆	☆ ☆☆ ☆☆☆	☆ ☆☆ ☆☆☆
总体评价	是否积极参与实践,项目前后创意设计兴趣有提高吗?工具使用是否规范,部件连接是否合理、程序是否实现功能,演示效果如何?	☆ ☆☆ ☆☆☆	☆ ☆☆ ☆☆☆	☆ ☆☆ ☆☆☆

注明:请在合适的☆处打√。此表教师评价除劳动课程教师外,还包括项目邀请到的人员。

表 5-4-3　考察探究劳动实践评价量规(样表)

调查主题:____________________

评价项目	评价内容(注意要点)	自评	组评	教师评
调查设计方案	调查对象明确 调查地点有安全保障 调查工具使用合理 人员分工明确	☆ ☆☆ ☆☆☆	☆ ☆☆ ☆☆☆	☆ ☆☆ ☆☆☆
方案实现	组织合理、调度有序 任务完成度	☆ ☆☆ ☆☆☆	☆ ☆☆ ☆☆☆	☆ ☆☆ ☆☆☆
结果呈现	研究报告完整 海报设计科学、可读性高 方案存在问题及改进建议	☆ ☆☆ ☆☆☆	☆ ☆☆ ☆☆☆	☆ ☆☆ ☆☆☆
总体评价	调查设计方案合理吗？方案实现是否顺利,结果呈现质量如何？	☆ ☆☆ ☆☆☆	☆ ☆☆ ☆☆☆	☆ ☆☆ ☆☆☆

注明:请在合适的☆处打√。此表教师评价除劳动课程教师外,还包括项目邀请到的人员。

表 5-4-4　社会服务劳动实践评价量规(样表)

服务主题:____________________

评价项目	评价内容(注意要点)	自评	组评	教师评
方案设计	尊重服务对象的需求,时间、活动内容安排合理,材料工具选择合理	☆ ☆☆ ☆☆☆	☆ ☆☆ ☆☆☆	☆ ☆☆ ☆☆☆
方案实现	组织合理、调度有序 任务完成度高,服务对象评价高	☆ ☆☆ ☆☆☆	☆ ☆☆ ☆☆☆	☆ ☆☆ ☆☆☆
总体评价	是否态度积极,全程参与活动,获得多方面的劳动体验？服务质量、服务对象评价如何？	☆ ☆☆ ☆☆☆	☆ ☆☆ ☆☆☆	☆ ☆☆ ☆☆☆

注明:请在合适的☆处打√。此表教师评价除劳动课程教师外,还包括项目邀请到的人员。

表 5-4-5　职业体验劳动实践评价量规(样表)

体验主题:____________________

评价项目	评价内容(注意要点)	自评	组评	教师评
职业内容	内容选择与职业体验具有高相关性,营造真实的劳动环境,满足进行真实劳动岗位演练所选要的劳动条件	☆ ☆☆ ☆☆☆	☆ ☆☆ ☆☆☆	☆ ☆☆ ☆☆☆
职业体验	体验职业劳动对于美好生活的意义,体验劳动中的创造性带来的挑战与乐趣;养成安全劳动、规范操作的劳动品质;感受每一职业的价值观和劳动精神	☆ ☆☆ ☆☆☆	☆ ☆☆ ☆☆☆	☆ ☆☆ ☆☆☆
总体评价	体验内容真实性如何?体验后劳动素养是否得到提升?初步的职业意识和生涯规划意识是否形成?	☆ ☆☆ ☆☆☆	☆ ☆☆ ☆☆☆	☆ ☆☆ ☆☆☆

注明:请在合适的☆处打√。此表教师评价除劳动课程教师外,还包括项目邀请到的人员。

五、评价性质

(一)表现性评价

表现性评价是指教师通过观察学生在项目实施实际过程中的表现来评价学生发展的一种方式。表现性评价贯穿于劳动教育项目课程活动始终。教师可以对照细化后的项目目标,采取劳动任务单、劳动清单、劳动档案袋评价,自评和小组互评的形式,以等级制的定性评价或以赋分制的定量评价相结合,客观描述学生的能力发展情况,评价其实际水平。

如在"编中国结,表学子情"项目中,个人自评和小组互评设定为以下两个表格:

表 5-4-6 劳动项目组内自评表(示例)

<table>
<tr><td colspan="2">姓名</td><td></td><td>组别</td><td colspan="2"></td></tr>
<tr><td colspan="4">1. 我在小组中最主要的贡献是</td><td>是√</td><td>否×</td></tr>
<tr><td>(1)</td><td colspan="3">参与设计方案的拟订,围绕任务提出想法</td><td></td><td></td></tr>
<tr><td>(2)</td><td colspan="3">参与中国结作品部件的制作</td><td></td><td></td></tr>
<tr><td>(3)</td><td colspan="3">参与中国结造型设计</td><td></td><td></td></tr>
<tr><td>(4)</td><td colspan="3">参与中国结作品制作的全过程</td><td></td><td></td></tr>
<tr><td>(5)</td><td colspan="3">参与项目的摄影及文字报道</td><td></td><td></td></tr>
<tr><td>(6)</td><td colspan="3">参与中国结制作流程说明书的编写</td><td></td><td></td></tr>
<tr><td colspan="4">2. 我在小组完成任务的过程中,最大的收获是</td><td>是√</td><td>否×</td></tr>
<tr><td>(7)</td><td colspan="3">学会了与别人合作交流</td><td></td><td></td></tr>
<tr><td>(8)</td><td colspan="3">动手能力有了提高</td><td></td><td></td></tr>
<tr><td>(9)</td><td colspan="3">学会面对困难、克服困难</td><td></td><td></td></tr>
<tr><td>(10)</td><td colspan="3">体验到了研究的乐趣</td><td></td><td></td></tr>
<tr><td>合计得分</td><td colspan="3">选择一个“是√”得 10 分,依照选“是√”的个数汇总得分,满分 100 分。</td><td colspan="2"></td></tr>
</table>

表 5-4-7 劳动项目组内互评表(示例)

评语 项目	加油啊 (1 分)	有进步 (2 分)	你真棒 (3 分)	得分
动手操作	学会利用工具进行编织、制作但还没有学会制作一个部件	学会利用工具进行编织、制作,已经学会制作中国结的若干部件,但没有完全学会	学会利用工具进行编织、制作,已经学会制作中国结的各个部件,病能完整制作	
合作交流	不愿意与别人合作交流	能与同学合作,但没有有效交流	能与同学合作,并提供合适的方式呈现成果,与别人有有效交流。	

续表

评语＼项目	加油啊（1分）	有进步（2分）	你真棒（3分）	得分
创新学习	能够依照说明书编织中国结	能够依照说明书编织中国结，对其中步骤提出见解	能够依照说明书编织中国结，对其中步骤提出和改进见解，利用新见解编织	
评价人：	被评价人：	合计得分：		

又如在我们的《3D打印技术让“china”（瓷器）焕发光彩》项目中，整个过程的评价量规如下表：

表5-4-8　劳动教育课程项目阶段综合评价表（示例）

课程主题：小小瓷器设计师				
班级	姓名		教师	
起点评估（部分）	1. 查看学生以往的课程评价表			
	2. 询问学生对“china”瓷器主题的相关了解			
过程评估				
1. 三视图的绘制	评价内容			评定等级
	尺寸正确	三个视图对应	视图绘制正确	
	（ ）分	（ ）分	（ ）分	
2. 对瓷器文化的实践和理解	评价内容			评定等级
	活动设计能紧扣目标，有创意，对活动意义有深刻的理解	活动设计能围绕目标，对活动意义有基本的认识	活动设计脱离目标要求，对活动意义的认识模糊不清	
	（ ）分	（ ）分	（ ）分	
结果评估（部分）	评价内容			评定等级
	对三视图的理解	设计样式和思路	动手能力	
	（ ）分	（ ）分	（ ）分	
备注：1. 优秀为3分，良好为2分，一般为1分。把前三项加起来确定评定等级；2. 8分–9分评定为A，5分–7分评定为B，3分–4分评定为C。				

2. 终结性评价

终结性评价一般发生在项目完成后,用于反映学生劳动核心素养的达成情况。一般由教师或者学校管理部门作出评价。评价的依据主要根据学科课程标准和项目实际,一般通过纸笔测验,结果解释为成绩等级或者等级加描述。在劳动教育项目实践中,由于学科特点的不同,应以表现性评价和学生最终完成的作品为主,但也不排斥纸笔测验,需要根据项目需要决定。

在“编中国结,表学子情”项目中,我们利用学校智慧教育平台进行了线上检测。

“编中国结,表学子情”项目阶段性项目测评(示例)

图 4-2　效果图

一、单选题

1.【题文】我们知道,中国结有许多种类,请问这幅照片是哪一类型的中国结?

A 双钱结　B 盘长结　C 吉祥结

【答案】__________

2.【题文】我们知道,中国结有许多种类,请问这幅照片是哪一类型的中国结的编制步骤图?

A 双钱结　B 同心结　C 吉祥结

【答案】__________

3.【题文】中国结有许多含义:“相依相随,永无终止”,请问这是哪一类型的中国结?

A 双钱结　B 同心结　C 盘长结　D 吉祥结

【答案】__________

4.【题文】中国结的编制,大致分为基本结、__________及组合结三大类。

A 双钱结　B 同心结　C 吉祥结　D 变化结

【答案】__________

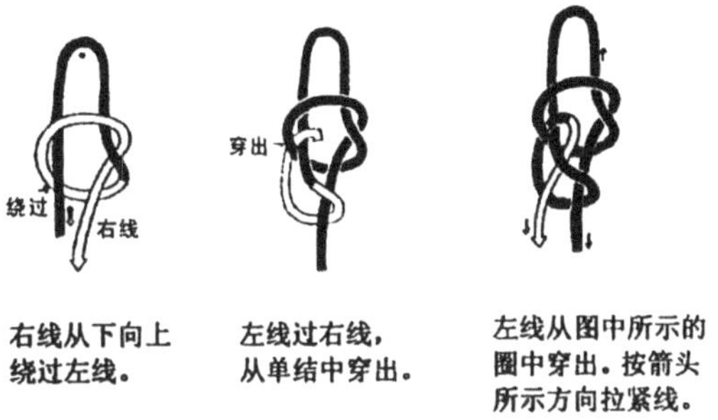

图 5-4-2　编制步骤图①

5.【题文】我们知道盘长结编制有 4 步，请说出第三步

A 将绳线对折，取中点，将右线固定成 u 形状

B 挑一根压一根(两次)

C 左线：全上全下(两次)

D 右线：向上时，挑一压三做二次；线向下时，挑二压一、挑三压一再挑一，如此做两次

【答案】__________

二、多选

6.【题文】一件完整的中国结作品的制作要经过几个步骤，请问是那几个步骤？

A 筹划　B 编制　C 抽形　D 修饰定形

【答案】__________

7.【题文】编制二圈盘长结的评价标准有

A 有 3 个大耳、4 个小耳　B 中间“方块”平整　C 大小耳比例协调　D 结体左右对称

【答案】__________

① 本图源自天津市九年义务教育劳动与技术教材(七年级全一册，天津教育出版社)编绣工艺项目中第一章第三节中国结。

三、填空题

8.【题文】中国结源远流长，留下了许多脍炙人口的诗句。请将下面的诗句补充完整。

绣带和欢结，锦衣连理文。交丝结龙凤，镂彩织云霞。一寸同心缕，百年长命花。心似双丝网，__________。——宋代词人张先

【答案】__________

9.【题文】除我们学过的双钱结、同心结、盘长结外，你还知道其他类型的中国结吗？请说出三种来。

【答案】__________

四、简答题

10. 简述你的收获体会。

____

除此之外，还可运用描述性的终结性评价，一般会以“最”字进行表述，且在项目结束如项目结项会、表彰会上进行评价。

表 5-4-9　描述性的终结性评价(示例)

奖　状 小组： 在“美丽春天”主题拍摄实践活动中荣获最佳编辑奖/最佳摄影姿势/最佳规范奖。 组员名字： xxxxx(学校) xxxx 年 xx 月

案例分享

案例的价值在于它能再现理论，它是理论指导下的实践。好案例就像大海中的灯塔，能指引人们重新出发，反复实践，总结规律。

案例好比交付使用的“样本标准间”。从内容上看，案例尽可能涵盖《劳动课标》规定的三大类劳动的十个任务群，项目任务具有进阶型，适用与各学段学生有选择地使用；从活动方式上看，每个项目尽可能涵盖《指导》《纲要》规定的四大活动方式，满足更多学生需要。每个案例的特征及案例之间的结构影响，如下表 6-1、6-2 所示。

表 6-1 劳动教育项目内容结构示意图

任务群		课程项目									
		小匠人	春事	中国结	端午节	风筝	China（瓷器）	绿地图	引江水	花卉	灯
日常生活劳动	清洁与卫生	√	√	√	√	√	√	√	√	√	√
	整理与收纳	√工具	√工具	√工具	√工具	√工具	√工具	√工具	√实验器材	√工具	√工具
	烹饪与营养	菜肴等	√面食菜肴		√粽子等						
	家用器具与维护	家用工具使用	√家用工具使用								√维修楼道灯

续表

任务群		课程项目									
		小匠人	春事	中国结	端午节	风筝	China（瓷器）	绿地图	引江水	花卉	灯
生产劳动	农业生产劳动	√园艺等	√豆浆、生豆芽等					√自然文化	√湿地动植物的调查	√园艺等	
	传统工艺制作	√编织等	√设计制作服装等	√中国结	√粽子龙舟等	√风筝	√瓷器文化及技术				
	工业生产劳动				√艾草香皂				√制作节水装置	√制作自动浇花器	√创意电子作品
	新技术体验与应用	√数字技术美篇制作	√数字技术美篇制作	√数字技术美篇制作	√数字技术美篇制作	√数字技术美篇制作	√3D打印技术数字技术	√GPS数字技术	√节水实施数字技术	√智能控制技术	√智能控制、物联网技术
服务性劳动	现代服务业劳动	√现代办公	√方案制定/拜年	医护人员	√文创作品设计制作、护工	√手工编织/工匠	√3D打印应用领域	√生态环境教育	√水质检测	√插花	√电工灯光师交警
	公益劳动与志愿服务		√对联剪纸赠送	√中国结赠送*义卖	√敬老院赠送	√建议		√建议及向公众赠送地图	世界水日节水教育	√敬老院赠送	√交通信号灯使用宣传

表 6-2　本书劳动教育项目内容活动方式示意图

课程项目	活动方式			
	考察探究	设计制作	职业体验	社会服务
小匠人	劳动工具我知道	劳动工具我改进	劳动工具我会用	家庭服务
春事	春事活动内涵等	面食、菜肴	保洁、餐饮等	家庭服务

续表

课程项目	活动方式			
	考察探究	设计制作	职业体验	社会服务
中国结	中国结文化内涵	时代特色的中国结做品	医护人员	志愿服务
端午节	端午文化习俗	粽子、龙舟、艾草香皂	敬老院护工	爱在敬老院
风筝	感悟风筝文化	风筝制作放飞	编织工匠	建议在全运会开幕式上看到风筝的身影
3D 打印技术	瓷器文化	现代瓷器	三维设计师	在医疗、考古等领域的应用
绿地图	创卫新变化	创卫地图	测绘工程师	建议、赠送 地图
引江水	大港水库生态效益	节水设施工具	水质检测工程师	世界水日、中国水周节水教育
花卉	园艺种植基地	花卉身份证 自动浇花器	播种、育苗、堆肥、水培、插花等五项劳动实践	爱在敬老院
灯	过街信号灯 楼道灯使用调查	创意电子灯	电工、灯光师、交警	三月三电工节 维修楼道灯

第六章

新时代劳动教育课程项目案例

案例一:居家生活小匠人

一、项目目标

(一)项目背景

深入贯彻落实中共中央、国务院《关于全面加强新时代大中小学劳动教育的意见》,强化家庭、学校和社会三方协同育人的劳动教育实施格局,发挥好学校的主导作用,为学生创造“出力流汗”的机会。

幸福都是奋斗出来的,伟大复兴的中国梦要靠劳动来实现。劳动创造美好生活,劳动成就人生梦想。这其中,劳动工具的作用功不可灭。

日常生活劳动教育是劳动教育的重要内容。居家劳动工具的使用,为个人生活事务自理奠定基础，也为在操作活动中进行技术探究和技术学习的课程理念找到抓手。

（二）项目描述

怎样让学生自觉自愿地参与日常生活劳动教育，争做一名新时代的“居家生活小匠人”。项目由此问题引入确立任务：设计制作“居家生活小匠人”为主题的美篇。

在背景经验阶段中我们设计了“美篇制作我能行”活动，学生们通过微课的制作、美篇的制作、二维码的制作三项活动，提升了学生的技术素养。在实践体验阶段中我们又设计出“劳动工具我知道”“劳动工具我会用”“劳动工具我改进”等活动，让学生充分探究劳动工具的使用、保养和维护，探究工具与学科知识的联系及其所含科学道理。在成果表达阶段中，他们将上述实践内容统一集成到个人美篇、小组美篇及班级美篇中，利用其他软件生成二维码。

（三）驱动问题

我们如何设计制作“居家生活小匠人”为主题的美篇，让学生自觉自愿地参与日常生活劳动教育？

（四）其他关键要素确定

1. 确定授课教师

授课教师以劳动技术学科教师、综合实践活动为主，参与班主任为辅。

2. 确定项目实施对象

各学段学生都可以参加。在任务的进阶、成果呈现方式上应有所区别。笔者是在学校初一年级和初二年级中开展活动并完成全部实践活动。

3. 确定实践地点、项目开设方式

（1）实践地点：学生居家学习场所。

（2）开设方式：采用项目教学法（PBL）组织项目。

表 6-1-1　劳动项目课程安排表

项目阶段	具体内容	时间安排
项目启动	任务建构：设计制作“居家生活小匠人”为主题的美篇	第一周
项目答疑	背景经验： 1. 案例美篇分享：列举劳动工具——拖把的使用 2. 小微课的制作 3. 美篇的制作 4. 二维码的制作 5. 创意设计方案填写	第二周至第三周
项目实践	“劳动工具我知道” 意在考察探究劳动工具的历史、文化渊源、种类 探究工具与学科知识的联系及其所含科学道理	第二周至第三周
	“劳动工具我会用” 意在探究工具是如何使用的，有几种使用方法， 工具的保养和维护等。 编制工具使用的说明书 录制工具使用的小微课	
	“劳动工具我改进” 意在探究工具的改进， 制作一个小模型并填写创意设计方案	
	“美篇制作我能行”	
项目展示	总结交流	第四周

（五）项目目标

1. 价值体认

亲历劳动工具的使用，培养劳动意识和劳动安全意识，使学生懂得人人都要劳动，感知劳动乐趣，爱惜劳动成果。

2. 责任担当

增强生活自理能力和勤俭节约意识，培养家庭责任感，让学生自觉自愿地参与日常生活劳动教育，形成人人争做“居家生活小匠人”的氛围。

3. 问题解决

多渠道获取生活工具的资料和加工信息的方法，探究劳动工具的历史、文化渊源，种类，探究工具与学科知识的联系及其所含科学道理。

掌握常见生活工具的正确使用方法，探究工具的改进、完善，编写创意设计方案，提高学生动手实践能力和创新意识。

4. 创意物化

编写常见生活劳动工具的使用说明书，录制正确使用工具的短视频，设计制作包含上述内容的主题为“居家生活小匠人”为主题的美篇。

二、项目评价

（一）确定预期结果与呈现方式

可物化成果主要表现在电子板报、微视频、创意改进设计方案等三个主要部分。主要呈现方式为美篇以及与美篇相连的二维码。

（二）确定合适的评估证据

本项目以任务驱动，以表现性评价为主，注重用详细的评价量规对可物化的成果进行监测，以此推动项目的运行。电子板报、微视频为必做项目，项目就评估为达标。做得好的项目可自荐、小组推荐、教师推荐到班级美篇发表，以此来贯彻个人自评、小组评价以及教师评价相结合的评价原则。评价量规参见附件。

三、项目教学

(一)项目课程地图

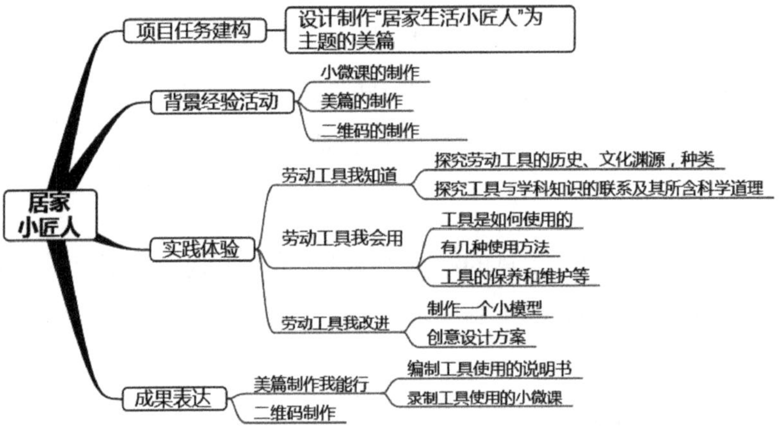

图 6-1-1　项目课程地图

(二)项目前期准备

1. 教师

(1)教师通过问卷星,发布招募令,调查学生感兴趣的日常生活劳动工具,将相同或相近爱好的同学集中起来,组建开发团队,招募令见附件。

(2)教师通过班级群展开项目启动会的讲解直播,通过 WPS 在线思维导图工具,分享项目课程地图,旨在让学生和家长充分了解项目的背景、目标、成果呈现及检测评价。

(3)教师帮助学生建立项目管理小组,明确责任,建立假期交流研讨制度。

(4)教师利用周末讲解项目所需要的新技能,集中答疑,帮助学生解决项目运行过程中碰到的问题。

2. 家长和学生

家长转变观念，主动配合学校，创设条件做好学生居家的日常生活劳动教育。学生积极参加力所能及的日常生活劳动，体验家庭劳动带来的责任感和幸福感，促进德智体美劳全面发展。

3. 安全预案

表 6-1-2　项目安全预案（示例）

可能出现的问题	解决预案
1. 组织问题：班级联系、小组成员间的合作出现问题	成立项目管理小组，选出管理团队，建立成员间的协调制度，鼓励家长参与
2. 安全问题：学生兴趣不一，选择工具范围大，安全隐患大	强调工具的安全使用，在使用工具时尽量征得家长的意见
3. 材料问题：涉及的材料可能种类繁杂，成本高	用替代材料，制作模型
4. 方法问题：制作美篇、录制视频出现技术问题	教师录制微课，使用线上资源。鼓励家长参与
5. 其他问题：项目维持问题、激发学生参与积极性问题	通过班级群集中答疑，利用美篇及时报道本项目进展情况，表扬鼓励不同水平的学生

四、项目重、难点及创新点

（一）重点

选择一件日常生活劳动工具，搜集该工具发生发展的历史；录制运用该工具完成一项实践活动的微视频。

（二）难点

探究该工具的科学道理，探究该工具的改进。

（三）创新点

基于真实的现实需要，引导学生关注家庭日常劳动生活，从使用劳动工具入手，方便学生选题，方便学生操作。创新成果呈现方式，将现代技术如摄影制作、美篇制作巧妙应用到家庭劳动生活场景，采用小组合作探究的方式，调动了学生家庭成员的参与积极性。促进家庭成员间的深入了解，成为密切家庭关系，建构新时代美好家庭的一种途径。

（三）项目实施

表 6-1-3 项目实施流程（示例）

活动阶段	活动内容	教师行为	学生行为
项目建构	1. 情境创设，确立任务设计制作“居家生活小匠人”为主题的美篇 2. 任务分解，编制课程地图。项目准备——驱动性任务——项目评估——课程地图。组织动员，确定整体活动方案。将活动的方案简化为思维导图，通过启动会的形式进行宣传	1. 教师召开项目启动会，建构活动开展的意义，目标、内容、成果呈现、评价等方式 2. 通过 wps 软件教给学生绘制项目思维导图	1. 与老师、同伴交流思想认识 2. 学会利用 wps 软件绘制项目思维导图 3. 吸引身边的亲人参加活动

续表

活动阶段	活动内容	教师行为	学生行为
背景经验	1. 案例美篇分享:列举劳动工具——拖把的使用 2. 电子板报的制作 3. 小微课的制作 4. 美篇的制作 5. 二维码的制作 6. 建构电子板报、微视频、美篇评价量规	1. 信息检索,辨别,为板报的制作积累素材。 2. 中国结基础结编制示意图的读识 3. 推送微课、文档	1. 居家学习,积极阅读老师推送的资源,了解活动的进展 2. 与老师、同伴、家长交流思想认识,交流工具使用过程中的重点和难点及体会 3. 上交选择工具的电子板报
实践体验	1 电子板报评价量规 2. 微视频评价量规 3. 美篇评价量规 4. 二维码评价量规 5. 创意改进方案评价量规	1. 教师采用线上技术,分享录制一种劳动工具完整的使用过程 2. 展示优秀学生小组制作的电子板报实例建构电子板报的评价量规 3. 展示优秀学生小组制作的微视频实例 4. 展示优秀学生小组创作的创意改进方案	微视频开发的流程: 分别和家长学习——上传学习效果的小视频(自己组内组建的微信群或 qq 群)——评选最佳操作手——做好人员分工(以 3 人一组为例,操作手 1 人 脚本编剧 1 人,摄影制作 1 人)——脚本设计——尝试录制(完善)——最终录制——软件制作(音乐字幕等)
成果表达	1. 美篇制作及评价量规 2. 二维码制作及评价量规	1. 邀请家长、校长、校外辅导员参与评价 2. 师生回顾整个项目的发生、发展的过程播放优秀班级美篇和个人美篇;播放学校美篇;播放教师制作的专题片 3. 组织学生观看展览作品就七项作品,按照评价量规,组织教师、学生和家长开展评价 4. 对项目本身进行评价	1. 参与互动评价量规的构建 2. 班级利用美篇集中展示 3. 评选出每一活动阶段组内明星和优秀小组。获 A 等的学生记入学生综合素质评价

案例一附件一：活动招募令

习主席说，幸福都是奋斗出来的，伟大复兴的中国梦要靠劳动来实现。劳动创造美好生活，劳动成就人生梦想。这其中，劳动工具的作用功不可没。

同学们，你曾参加过哪些家务劳动呢？你会使用那些劳动工具呢？学校开展居家生活劳动工具学习体验活动。现在学校面向全体同学，招募开发团队，希望热爱劳动的你积极行动起来，与志同道合的小伙伴们一起，通过“劳动工具我知道——劳动工具我会用——劳动工具我改进——美篇制作我能行”系列实践活动，开发居家生活劳动工具使用教程，帮助其他同学正确使用劳动工具。

从下表中选择一个你比较感兴趣的工具，组建开发团队，选中的请打“√”。

表 6-1-4 “居家生活小匠人”项目劳动工具使用教程开发招募令

工具系列	开发主题
烹饪工具	菜刀　削皮刀　擀面杖　高压锅　电饼铛　榨汁机　筷子 核桃夹　电饭锅　炊具　铲勺　开瓶器　电烤箱　微波炉
清洁工具	扫帚和簸箕　拖把　吸尘器　毛球修剪器　擦玻璃器　吹风机　指甲剪
修理工具	钳子　螺丝刀　剥线钳　扳手　剪刀　羊角锤
园艺种植工	铁锹　园林剪　喷壶　锄　耙　锯　雕刻刀
电器工具	电冰箱　加湿器　挂烫机　空调　电熨斗
洗涤工具	洗衣机　刷子　鞋刷子
电工工具	电工刀　热熔胶枪　电烙铁
缝补工具	针　缝纫机
测量工具	卷尺　皮尺
办公工具	打印机　电脑　塑封机　复印机

案例一附件二：居家生活劳动工具使用美篇制作学习评价

表 6-1-5　“居家生活小匠人”美篇制作学习评价表

环节	评价内容	不同意	基本同意	同意	非常同意
		1	2	3	4
劳动工具我知道	能够挖掘所探究工具的历史、文化渊源，种类，所含科学道理，与学科知识的联系。能够用清晰合理的思维导图呈现				
劳动工具我会用	探究内容完整，包括所探究工具是如何使用的，有几种使用方法，工具的保养和维护等。视频本身主题突出，完整地再现探究的全过程，音乐字幕协调统一				
劳动工具我改进	小发明设计方案内容完整，选题符合青少年认知特点，草图清晰，能够说明各组成的部分的功能。具有新颖性、实用性和创造性				
美篇制作我能行	内容完整，有标题，有环节，有图，有文，有音乐，有视频，有落款，有二维码。及时报道活动开展，制作多期美篇				

案例一附件三：各项目评价量规

表 6-1-6　劳动项目整体完成情况评价表

项目姓名	电子板报	微视频	创意改进方案	美篇制作	二维码制作	合计
综合定性						

表 6-1-7　电子板报评价量规

项目	评价要点	评价原则
内容	有没有反映劳动工具的历史、种类、适用范围、文化渊源	能够贯彻 1 项内容，为达标；2-3 项为良好，3 项为优秀，有 1 到 2 项出彩的，可跨一档认定
	有没有挖掘劳动工具与学科知识的联系及其所含科学道理	
版面	是否注意板报的整体构图，做到图文并茂，主题突出（贯彻构图的六个原则）	
综合定性		

表 6-1-8　制作某种劳动工具的微视频评价量规

项目	评价要点	评分原则
内容	有没有介绍工具的历史	能够包含 2 项内容，为达标；3 项为良好，4 项为优秀。有 1 到 2 项出彩的，可跨一档认定
	有没有运用工具完成一项活动	
	有没有提到工具的适用范围	
	有没有提到工具的保管、维护	
呈现	步骤完整，画面演示清楚	符合 1 项为达标，2 项为良好，3 项为优秀。有 1 到 2 项出彩的，可跨一档认定
	画面构图合理，字幕、音乐配合得当	
综合定性		

表 6-1-9　创意改进设计方案评价量规

项目	评价要点	评分原则
内容	创意工具名称是否言简意赅	符合 2 项为达标，2-3 项为良好，4 项为优秀。有 1 到 2 项出彩的，可跨一档认定
	有没有调查目前工具的使用情形，存在那些改进点	
	创意工具由几部分组成，如何协调工作(草图)	
	创意工具优点	
创新点	新颖性、创新性、实用性	符合 1 项为达标，2 项为良好，3 项为优秀。有 1 到 2 项出彩的，可跨一档认定
呈现	草图规范，演示符号运用得当，方便读者阅读	
	有没有物化的实物模型	
综合定性		

表 6-1-10　美篇制作评价量规

项目	评价要点	评分原则
新闻性	报道真实，及时	包含 2 项为达标，2-3 项为良好，4 项为优秀。有 1 到 2 项出彩的，可跨一档认定
	数量	
内容	有没有工具的电子板报	
	有没有工具的使用方法(视频、图)	
	有没有工具的创意改进方案	
	活动体会收获	
呈现	有标题，有图，有文，有视频，有落款	
合作	团队分工合理，各司其职	
综合定性		

表 6-1-11　二维码评价量规

项目	评价要点	评分原则
实现	可以直接跳转到美篇	能够实现为达标,不能实现为不达标
呈现	色彩搭配合理,清晰显现作者信息,有自己的 logo	符合一项为达标,两项为良好,三项上为优秀
综合定性		

案例一附件四:参考资源

1. 美篇制作小教程。

参考链接:https://mp.weixin.qq.com/s/0I-B0NxN42Ms2jLM8M67KA

2. 万物皆可免费制成二维码 | 教育技术 100 问①。

参考链接:https://mp.weixin.qq.com/s/vxhK0vugAxwUm7YumHCbSw

案例一附件五:学生优秀作品分享

表 6-1-12　优秀作品分享

二维码图片				
作者	赵晨光	杨斯宇	刘卓洋	彭小桐 伍芮
劳动工具	扫帚	吸尘器	铁锅	剪刀

二维码图片				
作者	王思然	胡禹昕	蒋姿婷	孙宇航
劳动工具	钩针	砧板	锄头	拖把
二维码图片				
作者	王浩羽 张亦铭	杨李享	周鸿槿	刘怀逊
劳动工具	扫帚、墩布	擀面杖	棒针	扫帚

案例二:《春节谣》里的“春事”系列

一、项目目标

(一)项目背景

1. 劳动教育要贯彻落实《意见》《纲要》要求,发挥学校的主导作用,助力家庭基础性作用的发挥,需要新思路,新方法。项目式学习是一种新的教学组织形式,因其综合了主题学习、问题学习、研究性学习和综合实践等特征收到人们的广泛关注。项目式学习助力家庭劳动教育的实践,为劳动教育融于家庭教育提供一种新的思路。

2. 春节是中华民族最重要的传统节日,也是中华民族优秀传统文化集中展示的最佳时期。春节假期是家庭成员居家生活的最长时期,为成员间的相互了解,相互学习和增进家庭和谐,为日常生活劳动教育的开展提供了最佳实践场域。深入挖掘这一时期开展劳动教育的内容、方式和途径,有助于收到事半功倍的“五育”共育的效果。

3.《春节谣》是一首流传甚广的民谣,是指导人们过一个吉庆、祥和的“中国年”的最佳指南。《春节谣》的“春事”系列活动,具有参与主体广泛,内容丰富,时间跨度长等特点,是落实居家日常生活劳动教育的最佳途径。

(二)项目描述

怎样让家庭成为学生乐于参与日常生活劳动教育的主阵地,争做新时代“五育”共育好家庭？项目由此问题引入确立任务:《春节谣》里的“春事”系列,你能做几样？在背景经验阶段中我们安排《春节谣》里的“春事”专题讲座,讲述《春节谣》在指导人们生产生活中发挥了重要作用。教师借助头脑风暴,帮助学生匹配与之兴趣爱好、家庭情况相一致的系列“春事”活动。在实践体验阶段中我们鼓励学生和家长一道,为完成这道特色作业进行探究设计方案、组织材料、制作成品。在成果表达阶段中,教师要鼓励学生注意用手机等工具完整记录过程,分享劳动感受,设计制作分享美篇。利用草料二维码等其他软件生成二维码。

(三) 驱动问题

《春节谣》里的“春事”系列,你能做几样？

(四)其他关键要素确定

1. 确定授课教师

授课教师以劳动技术学科教师、综合实践活动为主,参与班主任为辅。

2. 确定项目实施对象

各学段学生都可以参加。在任务的进阶、成果呈现方式上应有所区别。笔者是在学校初一、初二年级开展,完成全部实践活动。

3. 确定实践地点、项目开设方式、教具学具

(1)实践地点:学生居家学习场所(家庭)。

(2)开设方式:采用项目教学法(PBL)组织项目。

4. 确定项目内容

表 6-2-1　劳动项目课程安排表

项目阶段	具体内容	时间安排
项目启动	任务建构：《春节谣》里的“春事”系列，你能做几样？ 给学生的一封信	第一周
项目答疑	背景经验 1. 选题：头脑风暴《春节谣》里的每一类活动，可以有那几项不同的实践形式？ 2. 实践流程：选定活动内容——探究文化内涵——设计制定行动方案——准备工具、材料——制作成品 3. 用手机等工具记录过程 4. 美篇制作 5. 二维码制作	第二周 至 第三周
项目实践	选定活动——初步探究—— 设计方案——购买材料，准备工具	第二周 至 第三周
	展开调查，最优化实践步骤 制作成品 记录过程	
	拍摄 文案 感受（文字或视频） 美篇制作——二维码	
项目展示	总结交流 参加天津市微视频大赛 优秀作品推荐天津教育报头条	第四周

（五）项目目标

1. 价值体认

亲历《春节谣》里的“春事”系列实践活动，感知劳动的乐趣，珍惜劳动成果，弘扬传统文化，形成热爱劳动，热爱劳动人民的思想感情。

2. 责任担当

感知父母的不易，增强家庭责任感，促使学生自觉自愿地参与日常生活劳动，提高生活自理能力和勤俭节约意识。

3. 问题解决

综合运用观察、访谈、信息检索等方法获取有用信息，主动寻求家长支持，设计、优化、展开行动方案，学会劳动工具的使用，加深劳动安全意识的培养，提高学生动手实践能力和创新意识。

4. 创意物化

制作实物成品，拍摄重点步骤的照片或短视频，设计制作包含上述内容的主题为《春节谣》里的“春事”系列为主题的美篇。

二、项目评价

（一）确定预期结果与呈现方式

可物化成果为实物作品的制作。最终呈现方式为美篇以及与美篇相连的二维码。

（二）确定合适的评估证据

项目以完成核心任务“《春节谣》里的‘春事’系列活动中的项目”为物化驱动，以表现性评价为主。从活动方案的制定与优化、劳动工具的选择与使用、实物作品和美篇制作四个维度进行评价。采用赋分和质性相结合。合格计 1 分，良好计 2 分，优秀计 3 分。合计定性 8—12 分为优秀，4—8 分为良好，4 分为合格。五个评委中≥2 个优秀最终定性为优秀，≥2 个良好最终定性为良好，其余为合格。

三、项目教学

(一)项目课程地图

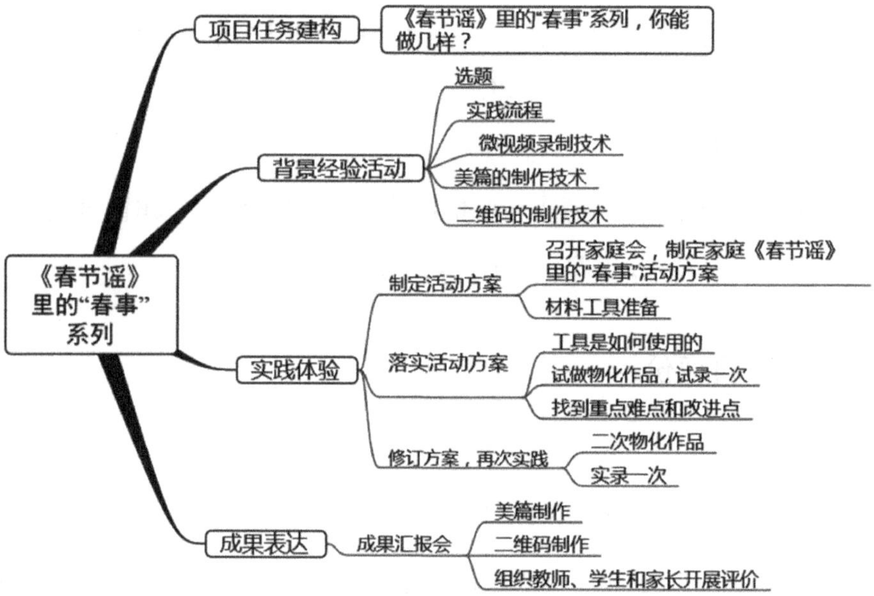

图 6-2-1　项目课程地图

(二)项目前期准备

1. 教师

教师通过给"给家长孩子们的一封信"开启项目,通过班级群畅通线上定期交流答疑制度。

2. 家长和学生

家长创造条件，配合孩子完成项目的计划、组织、执行和总结活动。

3. 安全预案

表 6-2-2　项目安全预案(示例)

可能出现的问题	解决预案
1. 组织问题：家长和孩子两张皮问题	项目启动，注重和家长讲清楚项目对学生未来成长的重要作用。
2. 安全问题：学生兴趣不一，选择工具范围大，安全隐患大	强调工具的安全使用，在使用工具时尽量征得家长的意见
3. 材料问题：所选材料不易准备，成本高等问题	建议根据家庭实际选择项目，如果项目选定的话，建议用替代材料
4. 方法问题：制作美篇、录制视频出现技术问题	教师录制微课，使用线上资源。鼓励家长参与
7. 其他问题：项目维持问题、激发学生参与积极性问题	通过班级群集中答疑利用美篇及时报道本项目进展情况，表扬鼓励不同水平的学生

4. 项目重、难点及创新点

(1)重点

学做《春节谣》里的“春事”系列中一项活动，录制完成该项实践活动的微视频。

(2)难点

活动方案的制订包括《春节谣》里的“春事”系列活动的选择问题；就选择的某一种活动去整合人、财、物(材料、工具)去实施项目、完成项目等问题。

(3)创新点

基于真实的现实需要，引导学生关注春节期间家庭开展的劳动生活，经历完整的劳动实践活动过程，要求学生既是项目的执行者，也是策划者、组织者，为学生在项目中的多元角色创造表现的实践机会。

（三）项目实施

表 6-2-3　项目实施流程（示例）

活动阶段	活动内容	教师行为	学生、家长行为
项目建构	1. 情境创设，确立任务。 《春节谣》里的“春事”系列，你能做几样？ 2. 任务分解，编制课程地图 项目准备——驱动性任务——项目评估——课程地图 3. 确定整体活动方案。将活动的方案简化为思维导图，通过启动会宣传到每一位学生中去	1. 教师写给学生家长的一封信：阐述项目开展的意义，目标、内容、成果呈现、评价等方式 2. 通过思维导图绘制项目课程地图 3. 确立班级群的答疑教研制度	1. 与老师、同伴交流思想认识 2. 学会利用 wps 软件绘制项目思维导图 3. 吸引身边的亲人参加活动
背景经验	1. 选题：头脑风暴《春节谣》里的每一类活动，可以有那儿项不同的实践形式？ 2. 实践流程：选定活动内容——探究文化内涵——设计行动方案——准备工具、材料——制作成品 3. 手机微视频技术 4. 美篇制作技术 5. 二维码制作技术	1. 帮助学生发散思维，从新颖性、实用性和创新性的角度上分析匹配与学生家庭相适合的活动项目 2. 推送微课、文档 3. 回答学生的其他问题	1. 学生家庭成员间的头脑风暴，选定活动 2. 结合家庭人财物等现实条件，制定劳动实践活动方案。 3. 学习手机微视频、美篇制作及二维码制作技术

续表

活动阶段	活动内容	教师行为	学生、家长行为
实践体验	1. 制定活动方案 2. 落实方案，试做一次，试录一次 3. 发现问题，多渠道解决 4. 修正方案，再次实践	1. 教师采用线上技术，分享活动方案的制定 2. 展示优秀学生小组制作《春节谣》里的“春事”活动之……的美篇，及时肯定	1. 召开家庭会，制定家庭《春节谣》里的“春事”活动方案 2. 材料工具准备 3. 实践 4. 修正方案，实践
成果表达	1. 美篇制作及评价量规 2. 二维码制作及评价量规	1. 邀请家长、校长、校外辅导员参与评价 2. 教师回顾整个项目的发生、发展的过程播放优秀班级美篇和个人美篇；播放学校美篇；播放教师制作的专题片。 3. 组织教师、学生和家长开展评价 4. 对项目本身进行评价	1. 参与互动评价量规的构建 2. 统计个人作品被收录到班级美篇的数量 3. 评选出每一活动阶段组内明星和优秀小组。获 A 等的学生记入学生综合素质评价

案例二附件一：给家长孩子们的一封信

各位家长，七年级同学们：

大家好。

从今天，孩子们的寒假生活就正式开始了。家长朋友，孩子们，准备好了吗？不会吧，还用准备？是的。再过几天，就要过年了。对华夏儿女而言，年是一年当中最重要的节日。

今天这一封信，就从过年开始，从一首好听的《春节谣》开始。

小孩儿小孩儿你别馋；过了腊八就是年；腊八粥，喝几天，/哩哩啦啦二十三；/二十三，糖瓜粘；/二十四，扫房子；/二十五，冻豆腐；/二十六，去买肉；/二十七，买新衣；/二十八，把面发；/二十九，蒸馒头；/三十晚上熬一宿。

大年初一扭一扭；/大年初二去拜年；/大年初三爱学习；/大年初四去爬山；/大年初五吃大餐；/大年初六画幅画。

过春节，过春节。/过呀春节，过春节。/过春节，过春节。/过呀，过呀，过春节。

歌曲曲调轻松欢快，把一个馋嘴的小孩，祈盼过年的小孩描绘得活灵活现。同时大家都会注意到这首歌谣其实就是一部电影，它流传了上千年。在这一个几近跨度整个农历月的时间段里，我们的先人原来做了那么多的事呀！大年前夕有腊八粥，糖瓜粘，扫房子，冻豆腐，去买肉，买新衣，把面发，蒸馒头，熬一宿；大年除夕有扭一扭，去拜年，爱学习，去爬山，吃大餐，画幅画。从内务的整理和清扫，吃和穿，物质的储备和制作好吃的，熬一宿和拜年，运动和学习，走亲串友……安排的一点也不耽误，井然有序。哈哈，这学与思，知与行，都包含在《春节谣》里，原来这就是传统文化，过年的传统文化呀。

顺带多聊一会儿。从大年三十到大年初六，这个春节的安排和进入新时代的中国年假的安排高度一致，巧合吧！再看看这些风俗的安排，独独没有放鞭炮这一项，难道是作者有先见之明，知道鞭炮的危害，提前预知到中华的后人会禁止燃放烟花爆竹？又考证，王安石的诗云：爆竹声中一岁除，春分送暖入屠苏。由此可见燃放烟花爆竹这一活动在民间、在官方已成风俗。移风易俗难啊，可见作者的勇气可嘉。再考证，《春节谣》没有留下作者的名字，来自民间的口口相传，可见其多么地得民心啊！

由此可见，传统文化博大精深。《春节谣》就是过年的传统文化呀。

啰唆啰唆一大堆，终于到了最重要的。（打起精神）为弘扬传统文化，为发扬过年的传统文化，践行学思结合，知行合一的行动指南，我们希望大家利用休息时间，和家人"盆友"一起，就《春节谣》里提到的春事活动，任选一样或几样，动一动，做一做嘛（起码做做样子吗，否则都不好意思说自己是华夏子孙了？若干年后，有的同学们将从事外交活动，不晓得传统文化说不过去呀）。所以这个项目就叫《春节谣》里的哪些事儿，你能做几件呢？

希望这个活动可以丰富大家的假期生活，密切亲子联系，增加一项生活技能。再次重申一遍，可以做也可以不做，和大家关心的升学没有关系。当然学校也大力支持我们的行动，对表现良好的学生颁发奖励证书，利用下学期开学第二周升旗仪式表彰。这样下学期的素质评价系统就有佐证材料了。

为规范活动内容，老师帮助你头脑风暴一次。参见表6-2-4。

表 6-2-4　可供选择的创意主题分享(示例)

活动	可供选择的创意主题分享
腊八粥	腊八文化寓意,动手做一样腊八粥,制一罐腊八蒜,有人会说腊八蒜必须得腊八那一天做才可以,那你也可以做一罐,对照组试验一下看看这句话"是真的吗?"
糖瓜粘	动手做一样糖瓜粘,糖瓜的小人物,原料步骤
扫房子	擦玻璃也算,不同的家具有不同的清扫方式,工具的结构,如何使用工具,使用效果如何
冻豆腐	豆腐的文化传说,豆腐的制作工具,自己可以做吗?发挥主观能动性,只有想不到没有做不到。
去买肉	买肉的学问,不同的吃法,肉的不同部位,都有研究。做一碗红烧肉,红烧排骨,清蒸鱼也可以
买新衣	自己找一块布,给你的玩具设计一件衣服?或者给你的长辈设计一个套袖,设计图也可以,或者自己设计好了找人做也可以
把面发蒸馒头	不同的吃法,面的种类也不同,做一碗刀削面,蒸馒头,蒸带图案的馒头,包子,带馅的包子,有人会说废话,借鉴鸳鸯火锅,创新一下,带两种馅的包子,就是玩吗,快乐就成。希望这个活动可以丰富大家的假期生活,密切亲子亲女联系,增加一项生活技能
去拜年	拜年是重头戏。带礼物吧,把我们的美篇当礼物,这个主意高啊!
画幅画	画幅画,写首诗,做个美篇,这个时代,好像不会做美篇的,就不是……
规范	无论选哪样,一些必要的内容总要有的。班级、姓名、题目,原料有哪些,用什么工具,制作步骤。每一步的图片或者视频(包含自己,个中原因你知道的,禁止网上下载图片) 包含以上这些内容,制成美篇或二维码图片,或者做成 Word 文档,但提倡美篇。可以自己丰富美篇的内容,记得分享到家庭群里

案例二附件二:《春节谣》里的“春事”系列美篇制作学习评价

表 6-2-5 《春节谣》里的“春事”美篇制作学习评价

环节	评价内容	评价主体				
		自我	教师 1	教师 2	其他 1	其他 2
活动方案的制定与优化	能够根据自身情况,从《春节谣》里的“春事”系列活动中选取合适的项目,展开研究,制定合适的方案。					
劳动工具的使用	根据项目选择合适的劳动工具,正确使用劳动工具。					
实物作品	完成《春节谣》里的“春事”系列活动中的项目物化。作品具有新颖性、实用性和创造性。					
美篇制作我能行	内容完整,有标题,有环节,有图,有文,有音乐,有视频,有落款,有二维码。及时报道活动开展,制作多期美篇					
合计定性						
最终定性						
评价等级说明	评价采用赋分和质性相结合。合格计 1 分,良好计 2 分,优秀计 3 分。合计定性 8—12 分为优秀,4—8 分为良好,4 分为合格。上述五个评价中≥2 个优秀最终定性为优秀,≥2 个良好最终定性为良好,					

案例二附件三：学生优秀作品分享

表 6-2-6　优秀作品分享

二维码图片				
作者	祁永成	杨斯宇	刘卓洋	彭小桐
作品(2021)	我们的寒假 我们的年	油焖大虾	猪皮冻	年年有“鱼”
二维码图片			七年十班 王思然	八年十班 王思然
作者	孙宇航	于涵一诺	王思然	王思然
作品(2021)	大棒骨炖酸菜	我家的春晚	写春联	家庭舞狮(2022)
二维码图片				
作者	秦秉正	孙博含	刘卓洋	周鸿槿
作品(2022)	七彩饺子	金球报喜	腊肉	制作套袖

案例三:编中国结,表学子情

一、项目目标

(一)项目背景

《大中小学劳动教育指导纲要》指出:劳动教育要“充分发挥传统劳动、传统工艺项目育人功能”。“……中华优秀传统文化特色项目中,自主选择1至2项生产劳动,经历完整的实践过程,提高创意物化能力,养成吃苦耐劳、精益求精的品质……”“中小学要以使用传统工具、传统工艺的劳动为主,引导学生体会劳动人民的艰辛与智慧,传承中华优秀传统文化……”

本课程在落实上述要求的基础上,让中国结这一传统工艺项目在当前全国抗“疫”的情境下,在学生的手中,重新焕发出生机和活力,实现劳动教育立德树人的育人功能。

本课程取材于天津市九年义务教育劳动与技术教材(七年级全一册,天津教育出版社)编绣工艺项目中第一章第三节中国结的内容。选择“中国结”进行深度课程开发,是基于以下分析:

中国结是“中国元素”之一,其悠久的历史文化、独特的艺术造型、美好的品德伦理,体现了国人的智慧和深厚的文化底蕴,是中华优秀传统文化当之无愧的代表。

中国结曾出现在2008北京夏季奥运会的申办标志上,又再度出现在北京2022年冬季奥运会的开、闭幕式上，表达了中国与世界的连接，寄托着全世界人民在一起，“更团结”的奥林匹克精神。这标志着中国结在唤起国人的华夏情结以及增进与世界各国人民的友谊发挥着越来越重要的作用。

中国结曾出现“非典”时期北京大学第二临床医院——人民医院隔离区外，成为国人共克时艰，战胜“疫”情的一个暖心力量。

（二）项目描述

怎样让学生自觉自愿地参与“疫情”防控的志愿服务活动中，展现新时代学生的应有的劳动精神，表达与祖国同呼吸共命运的情怀？我们由此问题引入确立项目的核心任务：设计制作有抗“疫”主题的中国结作品，表达学子情怀，为全国抗“疫”助力。在背景经验学习中设计了“感悟中国结”系列活动，举办专题讲座，确定选题，成立研究小组，制作活动手册，让学生和家长充分了解此次活动的目的、意义。而在“主题中国结的设计、制作”中，孩子们通过自己设计、制作、测试、展示，调整、完善自己的设计方案，从而制作出有创意有主题的作品。在“成果表达”阶段，鼓励学生制作班级美篇和个人美篇，及时更新发布实践成果；鼓励学生将自己制作的中国结作品赠送给奋战在一线的医护人员和社区的抗‘疫’志愿者。

（三）驱动问题

如何设计制作有时代特色的中国结作品，为全国抗“疫”助力？

（四）其他关键要素确定

1. 确定授课教师

授课教师以劳动技术学科教师、综合实践活动或为主，语文、美术学科及参与班主任为辅，可以聘请区域编织方面的专家为校外科技辅导员。

2. 确定项目实施对象

各学段学生都可以参加。在任务的进阶、成果呈现方式上应有所区别。笔者是在学校初一、初二年级开展,完成全部实践活动。

3. 确定实践地点、项目开设方式、教具学具

(1)实践地点:学校教室(普通教室或专用教室都可以),学生居家学习场所。

(2)开设方式:采用项目教学法(PBL)组织项目。

(3)教具:1. 编制导学稿;2. 设计制作项目示例用的中国结实物;3. 微课、课件。

(4)学具:编制示意图、绳线、泡沫板、珠针、镊子等。

4. 确定项目内容

表 6-3-1　劳动项目课程安排表

课程安排	具体内容
第一课时	项目启动会
第二课时	中国结的智慧
第三课时	平结、蛇结、金刚结的编制
第四课时	十字结、双联结的编制
第五课时	同心结、双钱结的编制
第六课时	吉祥结的编制
第七、八课时	盘长结的编制
第九课时	中国结作品的设计与制作
第十课时	项目分享会
后续拓展活动	创建中国结特色示范班 PK 活动 举行中国结作品义卖活动

(五)项目目标

疫情期间,为充分发挥中国结在凝聚国人万众一心,共克时艰等方面所发挥的积极作用,加深对中国结的理解,挖掘中国结的编织项目的劳动教育和文化艺术的内涵,同时培养学生的动手能力和创造力,提高学生的技术修养,促使学生自愿地投身到活动中去。其项目目标设计为以下四个:

1. 价值体认

用自己的视角、自己的体验、自己的方式记录在这场战“疫”中,最美“逆行者”谱写的伟大“壮举”,与老师、同伴交流思想认识,制作电子板报,形成国家认同,民族团结,热爱中国共产党,激发爱国主义情怀。

体验技术性劳动的艰辛,形成对中国结工艺稳定、持续的兴趣。树立热爱传统文化、热爱劳动人民的思想感情。认同中国结可以成为中国人共克时艰,战胜“疫情”的一个暖心力量。

2. 责任担当

理性认识个人与国家的关系,自觉将自身成长与祖国联系起来,在了解全球疫情发展态势下获得人类命运共同体的认知,懂得将传统文化的精髓发扬光大的重大意义。

3. 问题解决

了解中国结的特点及作用,体会其文化内涵和艺术魅力。掌握编织工具的使用方法,学会编制几种基本结,经历设计、制作、展示、调整、完善作品等过程,提高工程设计思维和劳动能力。

4. 创意物化

设计制作反映抗“疫”主题的中国结作品。

二、项目评价

（一）确定预期结果与呈现方式

可物化成果主要表现在思维导图、电子板报、实物作品、某个结微视频、完整作品解说视频、美篇及与作品相连卡片等八个主要部分。

（二）确定合适的评估证据

本项目以任务驱动，以表现性评价为主，注重用评价量规对可物化的成果进行监测，以此推动项目的运行。可物化成果有八个子项目，完成前四个必做项目就评估为达标，其余为选做加分项目。做得好的项目可自荐、小组推荐、教师推荐到班级美篇发表，以此来贯彻个人自评、小组评价以及教师评价相结合的评价原则。项目整体完成情况评价表及各子项目评价量规参见文后附件，各子项目评价量规参见文后附件。

二、项目教学

(一)项目课程地图

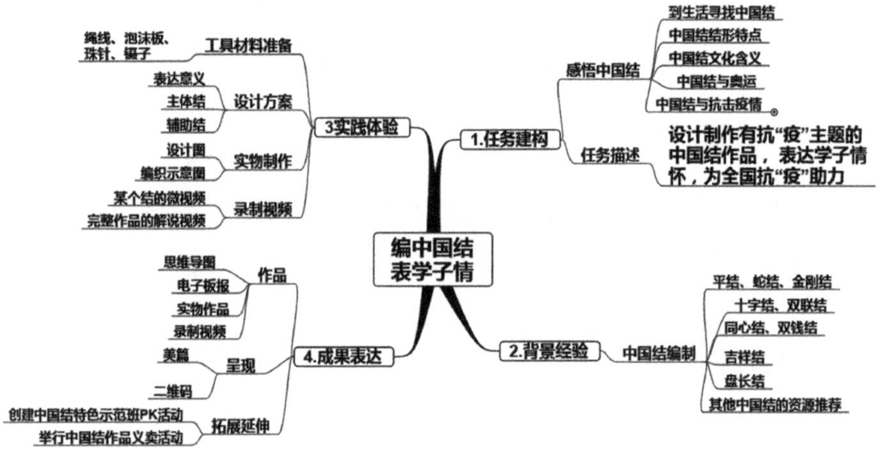

图 6-3-1　项目课程地图

(二)项目前期准备

1. 教师

(1)教师在学校智慧教育平台上构建项目,上传微课、导学稿、PPT 和文本资源。

(2)教师通过 QQ 分享屏幕进行了项目启动会的讲解直播,通过 WPS 在线思维导图工具,向学生分享了项目课程地图,旨在让学生充分了解项目发生的背景、目标、成果呈现及检测评价。

(3)教师一周一课时,了解学生需求,帮助学生解决项目运行过程中碰到的问题。

(4)教师帮助学生建立起班级线上项目管理小组,主要是考勤和上交作品的记录工作;建立班级美篇制作小组。

2. 学生

本课程授课对象为初一年级学生,该时期学生可塑性强,劳动素养尚在形成之中。整体而言学情分析如下:

(1)劳动观念方面,学生大都认同“劳动最光荣、劳动最崇高、劳动最伟大、劳动最美丽”的观点,但因缺少亲身实践方面的原因,对劳动的成就感、获得感、荣誉感的体验不明显,无法将观念上升到行动。

(2)劳动能力方面,多数学生之前没有接触过编织工具,不能熟练使用相关工具,读识编织示意图存在困难,完成一定劳动任务所需要的设计、操作能力及团队合作能力欠缺。

(3)在劳动习惯和品质方面,学生对生活中的中国结有一点感性认识,对编织技术怀有好奇心,具有动手实践的热情,但这通常具有来得快,去得快、持续时间短的特征,持之以恒、坚持不懈的劳动习惯和品质需要教师加以培养。

(4)劳动精神方面,学生对劳动所具有的创造价值及工匠精神的认识和理解不深,存在不愿劳动,不会劳动的现象,勤俭节约、开拓创新的劳动精神需要教师在活动中不断培育。

3. 安全预案

表 6-3-2　项目安全预案(示例)

可能出现的问题	解决预案
1. 授课问题:网上授课模式的搭建出现问题	利用学校搭建起来的网上授课平台,使用人人通推送资源,教师授课助手组织测试
2. 安全问题:活动使用剪刀、珠针、泡沫板、打火机、线绳,安全隐患大	教师演示工具的正确使用,和家长协商制定安全预案,报请学校批准

续表

可能出现的问题	解决预案
3. 材料问题:由于特殊时期,学生缺乏线绳、泡沫板、珠针等工具的问题突出	用替代材料,如用生日蛋糕包装线代替线绳,用瓦楞纸板代替泡沫板,用胶带代替珠针
4. 方法问题:编织示意图的读取,工具使用	教师录制微课,使用线上资源。鼓励家长参与
5. 学生兴趣问题:活动周期长,个别学生认为编织中国结是女生们该做的事情等。	充分了解每位同学的兴趣和特点,采用小组合作的形式,及时鼓励学生取得的成绩;播放男同学编织的视频
6. 时间安排:项目运行时间	注重心理调适,适当延长项目时间,补充项目多样化成果呈现所需要的技能培训
7. 其他问题:项目维持问题、激发学生参与积极性问题	通过人人通推送三封信 利用美篇及时报道疫情情况、本项目进展情况,表扬鼓励不同水平的学生

4. 项目重、难点及创新点

(1)重点

搜集中国结由来、寓意、演变等文化的资料,特别是中国结在凝聚国人顽强拼搏方面的资料;

发现生活中的中国结,能够分析中国结基本结形的特点;

学会几种常见中国结的编织。

(2)难点

学会读识中国结的编制示意图;中国结的抽形

中国结作品设计方案

(3)创新点

基于真实的现实需要,将学生的关注点从课堂引向关注疫情之下那些最美逆行者,引导从科学、技术、文化、工程、社会等角度研究中国结,使跨学科的综合性学习成为现实,在活动中开发学生潜能,加深了对祖国传统文化的认同感。

利用学科文化节，举行创建中国结特色示范班 PK 活动，举行中国结作品义卖活动，将课下与课上联系起来，将自主学习和合作竞赛结合起来，调动了每一个学生的参与的积极性。

（三）项目实施

表 6-3-3　项目实施流程（示例）

活动阶段	活动内容	教师行为	学生行为
项目建构	1. 情境创设，确立任务 2. 任务分解，编制课程地图 项目准备——驱动性任务——项目评估——课程地图 3. 组织动员，确定整体活动方案	1. 教师召开项目启动会，建构活动开展的意义，目标、内容、成果呈现、评价等方式。 2. 通过 wps 软件教给学生绘制项目课程地图 3. 每周每节课独立出 5 分钟时间，组织师生介绍当前抗疫形势及所涌现出的感人事迹，以增强学生参加活动的主动性。	1. 与老师、同伴交流思想认识 2. 学会利用 wps 软件绘制项目课程 3. 吸引身边的亲人参加活动
背景经验	1. 思路点拨，设计探究 （1）了解有关中国结的特点及作用。 （2）平结、蛇结、金刚结内涵、结形特点及编制制作 （3）十字结、双联结、同心结、吉祥结的文化内涵、结形特点及编制 （4）盘长结文化内涵、结形特点及编制 2. 建构评价量规： 中国结电子板报 认识某个结的思维导图录制某个结的微视频	1. 信息检索，辨别，为板报的制作积累素材 2. 中国结基础结编制示意图的读识 3. 推送微课、文档	1. 居家学习，积极上课，阅读老师推送的资源，关心“疫”情发展 2. 与老师、同伴交流思想认识，交流某一中国结制作过程中的重点和难点及体会 3. 上交中国结电子板报和启动会的思维导图。 4. 录制自己编制的某一中国结的微视频

续表

活动阶段	活动内容	教师行为	学生行为
实践体验	1. 设计图纸,制作作品 设计一件中国结作品(设计方案、设计图) 2. 建构评价量规: 中国结实物作品 中国结实物作品解说视频	1. 教师采用线上技术,分享一件完整中国结作品制作的过程 2. 分享中国结搭配的场景,提高作品的实用性	1. 需要上交中国结完整作品的实物(开学交),照片、解说词文稿及解说视频。 2. 所有上交的照片和视频提交到班级相册劳动技术文件夹里。
成果表达	1. 展示评价,成果分享 2. 建构评价量规: 美篇制作、二维码制作 3. 优秀作品,现场赠送	1. 师生回顾整个项目的发生、发展的过程。播放优秀班级美篇、学校美篇和教师制作的专题片。 2. 组织学生观看展览作品,就八项作品,按照评价量规,组织教师、学生和家长开展评价	1. 参与互动评价量规的构建 2. 班级利用美篇集中展示 3. 评选出每一活动阶段组内明星和优秀小组。获A等的学生记入学生综合素质评价。
后续活动	1. 学科文化节:班级PK创建中国结特色示范班 2. 中国结作品义卖活动	1. 组织 学生主持人、评委及领导的邀请 2. 锦旗、奖状的打印	1. 参与班级pk活动 2. 小组参与中国结作品的制作、义卖

案例三附件一:参考资源

图6-3-2 靳云中小学教育效率工坊(公众号)

案例三附件二：项目评价量规

表 6-3-4　劳动项目整体完成情况评价表

项目姓名	必做项目				选做项目			
	思维导图(1)	电子板报(2)	某个结微视频(3)	作品实物(4)	完整作品解说视频(5)	美篇制作(6)	二维码制作(7)	与作品相连卡片(8)
评价原则	完成必做项目，评估为达标。5-6 项为良好，6 项以上为优秀，作品被推荐上美篇一次，可跨一档认定							

表 6-3-5　思维导图评价量规

项目	评价要点	评价原则
内容	名称	能够包含 3 项内容，为达标；3—5 项为良好，5 项为优秀。有 1 到 2 项出彩的，可跨一档认定
	寓意	
	结形特点	
	编制示意图	
	用处	
呈现	版面清晰，主题突出	符合 1 项为达标，2 项为良好，3 项为优秀。有 1 到 2 项出彩的，可跨一档认定
	能够挖掘各部分之间的联系	
综合定性		

表 6-3-6　子板报评价量规

<table>
<tr><th>项目</th><th>评价要点</th><th>评价原则</th></tr>
<tr><td rowspan="3">内容</td><td>有没有反映疫情的进展情况</td><td rowspan="3">能够包含 2 项内容,为达标;3 项为良好,有 1 到 2 项出彩的,可跨一档认定</td></tr>
<tr><td>有没有反映反映我们中国结的进展情况(作品实物,微视频、完整作品解说视频的截图)</td></tr>
<tr><td>有没有挖掘中国结的内涵,与各学科的联系,与生活或者优秀文化传统之间的联系</td></tr>
<tr><td>版面</td><td>是否注意板报的整体构图,做到图文并茂,主题突出(贯彻构图的六个原则)</td><td>能够贯彻 1 项内容,为达标;2—3 项为良好,3 项为优秀,有 1 到 2 项出彩的,可跨一档认定</td></tr>
<tr><td>综合定性</td><td colspan="2"></td></tr>
</table>

表 6-3-7　编织某个节的微视频评价量规

<table>
<tr><th>项目</th><th>评价要点</th><th>评价原则</th></tr>
<tr><td rowspan="4">内容</td><td>有没有寓意</td><td rowspan="4">能够包含 2 项内容,为达标;3 项为良好,4 项为优秀。有 1 到 2 项出彩的,可跨一档认定</td></tr>
<tr><td>有没有提到结型特点</td></tr>
<tr><td>有没有呈现示意图</td></tr>
<tr><td>有没有提到用处</td></tr>
<tr><td rowspan="2">呈现</td><td>步骤完整,画面演示清楚</td><td rowspan="2">符合 1 项为达标,2 项为良好,3 项为优秀。有 1 到 2 项出彩的,可跨一档认定</td></tr>
<tr><td>画面构图合理,字幕、音乐配合得当</td></tr>
<tr><td>综合定性</td><td colspan="2"></td></tr>
</table>

表 6-3-8　作品实物评价量规

<table>
<tr><td>项目</td><td>评价要点</td><td>评价原则</td></tr>
<tr><td rowspan="2">作品立意</td><td>有同理心,为医护人员或社区防疫人员着想</td><td rowspan="6">作品美观包含 2 项内容,为达标;3 项为良好,4 项为优秀。有 1 到 2 项出彩的,可跨一档认定</td></tr>
<tr><td>表达全国人民万众一心,共克时艰</td></tr>
<tr><td rowspan="3">作品美观</td><td>至少包含两到三个结</td></tr>
<tr><td>结型工整、对称、大小耳比例协调</td></tr>
<tr><td>各个结关系协调,突出重点</td></tr>
<tr><td>作品实用</td><td>能为医护人员提供一些方便</td></tr>
<tr><td>综合定性</td><td colspan="2"></td></tr>
</table>

表 6-3-9　作品解说视频评价量规

<table>
<tr><td>项目</td><td>评价要点</td><td>评价原则</td></tr>
<tr><td rowspan="4">内容</td><td>作品名称有诗意,言简意赅</td><td rowspan="4">符合 2 项为达标,2—3 项为良好,4 项为优秀。有 1 到 2 项出彩的,可跨一档认定</td></tr>
<tr><td>能说清楚作品由几个结组成,颜色如何搭配,主题部分是什么物品。</td></tr>
<tr><td>能说清楚作品表达的含义</td></tr>
<tr><td>能准确表达自己的感受</td></tr>
<tr><td>呈现</td><td>视频画面构图合理,画质清晰、图像稳定、声音清楚(无杂音)</td><td>符合 1 项为达标,2 项为良好,3 项为优秀。有 1 到 2 项出彩的,可跨一档认定</td></tr>
<tr><td>综合定性</td><td colspan="2"></td></tr>
</table>

表 6-3-10　美篇制作评价量规

项目	评价要点	评价原则
新闻性	报道真实,及时	包含 2 项为达标,2—3 项为良好,4 项为优秀。有 1 到 2 项出彩的,可跨一档认定
	数量	
内容	名称有诗意,言简意赅	
	立意符合时代意义	
	反映我们中国结项目的进展情况 如研讨情况、家人支持、感受收获等	
	反映疫情进展情况(文字、图表)	
呈现	有图,有视频	
合作	团队分工合理,各司其职	
综合定性		

表 6-3-11　二维码评价量规

项目	评价要点	评价原则
实现	可以直接跳转到美篇	能够实现为达标,不能实现为不达标
呈现	色彩搭配合理,清晰显现作者信息,有自己的 logo	符合一项为达标,两项为良好,三项上为优秀
综合定性		

表 6-3-12 与作品相连卡片评价量规

项目	评价要点	评价原则
作品	作品名称	包含 3 项为达标,3—4 项为良好,4 项以上为优秀。有 1 到 2 项出彩的,可跨一档认定
	作品说明	
	作品照片	
	作品二维码	
	制作人	
	送给最可爱的人	
综合定性		

案例三附件三:优秀作品

表 6-3-13 优秀美篇汇总

一班美篇第一期	二班美篇第二期	三班美篇第二期
四班美篇第三期	五班美篇第三期	六班第四期

续表

六班第五期	个人美篇·彭小桐	个人美篇·伍芮
中国结 致敬心中英雄		
个人美篇·于涵一诺	个人美篇·刘欣迪	个人美篇·胡禹昕
个人美篇·蒋姿婷	学校公众号推送第一期	学校公众号推送第二期

案例四:我为端午节立传

一、项目目标

(一)项目背景

劳动教育要发挥学校的主导作用,家庭的基础作用,社会的支持作用,才能促进家校社协同育人的发展格局的形成。选择什么样的内容,采取什么样的形式,需要学校着力研究,发挥主导作用。

传统节日是老祖宗给我们留下了一笔笔宝贵的文化遗产,几千年来滋养了无数的华夏儿女,具有丰富的育人价值。诚如 2021 年天津高考题目所言:节日也是纪念日。怎样守住我们的根,我们的魂,在纪念日期间,做的什么,增强我们的文化自信,不辜负这个国家法定节假日?

端午节与春节、清明节、中秋节一起被列入中国四大传统节日。端午文化在世界影响广泛,是中国首个入选世界非遗的节日。以端午节为着力点,探究将端午的文化习俗、科学内涵、人文特色等因素融合到一个整体项目中,发挥好劳动教育"树德""增智""强体""育美"的桥梁和纽带作用。

(二)项目描述

端午节能否助推劳动教育发挥好"树德""增智""强体""育美"的桥梁和纽带作用? 项目由此问题引入确立任务:从"五育"融合的角度为端午节立传。在任务建构阶段中,教师引导学生头脑风暴,从跨学科角度思考端午节与各学科的融合，提炼出四大分支任务：设计制作任务群、考察探究任务群、社会服务任务群和职业体验任务群。在此基础上，成立小组，展开研究。在背景经验阶段中我们安排“端午节与华夏文明”、科学纪录片制作、美篇二维码制作、研究报告撰写等专题讲座。在实践体验阶段，学生分组展开研究，学科指导教师跟进指导；在成果表达阶段中，我们设计了龙舟大赛、爱国偶像大家谈、爱在敬老院活动，开好总结交流汇报会。优秀作品推荐参加天津市科技创新大赛以及天津微视频大赛等。

（三）驱动问题

怎样从“五育”融合的角度，设计一个项目，为端午节立传？

（四）其他关键要素确定

1. 确定授课教师

授课教师以劳动技术学科教师、综合实践活动教师、关联到学科教师为主，参与班主任为辅。

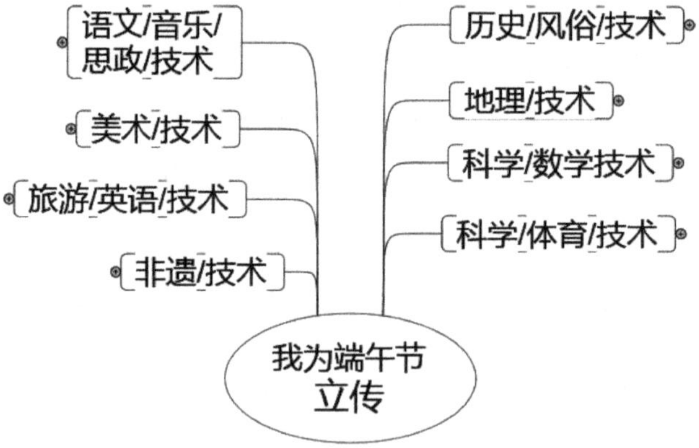

图 6-4-1　项目融合学科

2. 确定项目实施对象

各学段学生都可以参加。在任务的进阶、成果呈现方式上应有所区别。笔者是在学校初一年级开展，完成全部实践活动。

3. 确定实践地点、项目开设方式、教具学具

（1）实践地点：学校功能教室（创客空间）

（2）开设方式：采用项目教学法（PBL）组织项目

（3）教具学具：

粽子：芦苇叶、箬叶；糯米、豆子及调料、馅；盆、桶、丝线。

纸艺粽子：单面绿色牛皮纸 27 厘米×18 厘米：12 张；麻绳 40 厘米：12 根；

龙舟：KT 板，龙头尾、龙身，龙鳞，绸布；画笔、手锯，电钻，木锉、针。

编彩绳/绣香包：香料、布、针、线、五色丝线。

艾草香皂：艾草粉适量，椰子油 180 克，棕榈油 120 克，甜杏仁油 150 克，食品添加剂氢氧化钠 145 克；不锈钢面盆一个，模具一只（洗干净的牛奶盒也可以），破壁机，橡胶手套，搅拌棒，打蛋器；PH 试纸。

游戏设计：电脑，mind+软件及其他文具。

4. 确定项目内容

表 6-4-1　劳动项目课程安排表

项目阶段	具体内容	时间安排
项目启动	任务建构：为端午节立传 头脑风暴，构建端午和各学科生活的联系，确定设计制作、考察探究、社会服务和职业体验任务群。 分组、选派指导教师，展开研究	第一周

续表

项目阶段	具体内容	时间安排
项目答疑	背景经验 讲座:端午节与华夏文明 补充一般技能: 1. 项目研究方法:“文献研究”法、行动研究法 2. 科学纪录片制作 3. 美篇制作、二维码制作 4. 研究报告 其他专业知识和技能: 学科知识和技能/工具使用技能	第二周
项目实践	设计制作:创意设计——选择材料、工具——工具使用——制作成品——交流展示——反思改进	第二周 至 第四周
	考察探究:发现与提问——猜想与假设——计划与组织——事实和证据——模型与解释——表达与交流	
	社会服务:明确服务对象——制定服务活动计划——开展服务行动——反思服务经历——分享活动经验	
	职业体验:选择职业情境——实际岗位演练——总结反思和交流经历过程——概括提炼经验——行动应用	
	拍摄 文案 感受(文字或视频) 美篇制作——二维码	
项目展示	龙舟大赛、爱国偶像大家谈、爱在敬老院 总结交流汇报会 参加天津市微视频大赛 优秀作品推荐天津教育报头条	第五周 至 第六周

(五)项目目标

1. 价值体认

亲历“端午节”系列实践活动,感受了解祖国传统节日端午节的习俗文化,感知劳动的乐趣,形成积极的劳动观念和态度;弘扬端午节优秀传统文化，传承屈原伟大的爱国精神，增强文化自信。

2. 责任担当

参加“爱在敬老院”社会服务活动，形成持续关心他人、社区及社会发展的兴趣，增强社会责任感，形成主动服务他人、服务社会的情怀，提高服务社会的能力。

3. 问题解决

参加考察探究实践活动，运用文献研究、行动研究等科学方法开展研究，能够运用所学的学科知识理解和解决问题，形成基本符合规范的研究报告或其他形式的研究成果。

4. 创意物化

参加设计制作实践活动，经历设计、制作等过程制作出有一定实用价值的作品，提高创意设计、动手操作、技术运用和物化能力。

二、项目评价

（一）确定预期结果与呈现方式

预期结果为设计制作（M）、考察探究（R）、社会服务（S）和职业体验（E）。最终呈现方式为实物作品、研究报告、美篇以及与美篇相连的二维码。

（二）确定合适的评估证据

从设计制作、考察探究、社会服务和职业体验这四类活动方式出发，建构为完成“我为端午节立传”这一项目核心任务的子任务。各子任务的评估标准参见本书第五章第四节课程项目的评价标准进行评价。

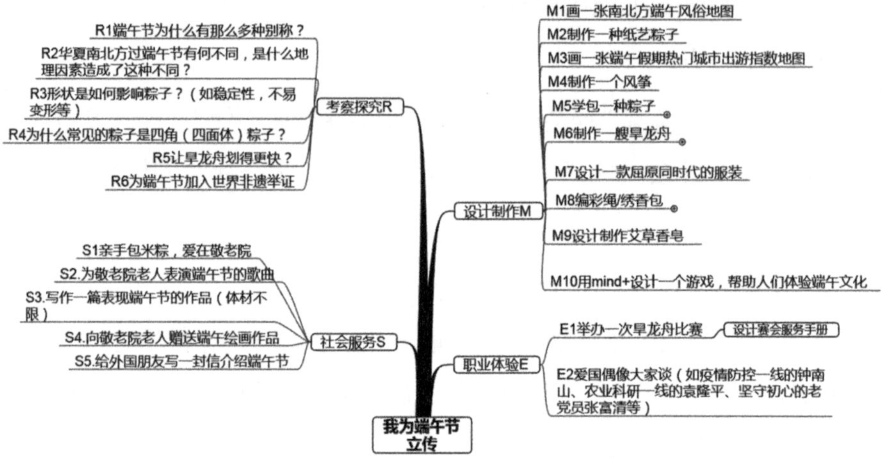

图 6-4-2　项目活动方式

三、项目教学

（一）项目课程地图

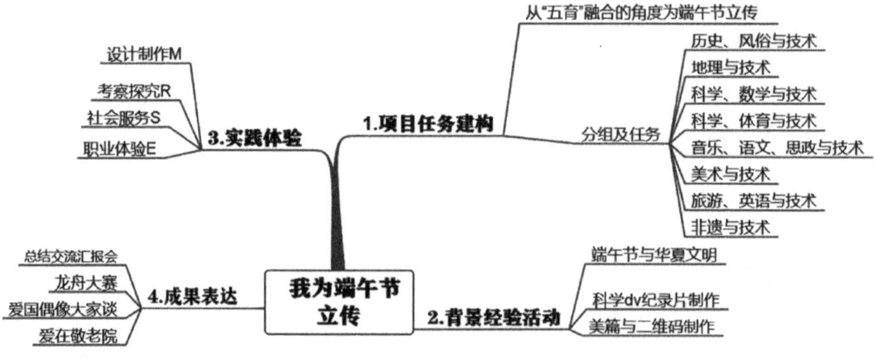

图 6-4-3　项目课程地图

(二)项目前期准备

1. 教师

教师通过给“给家长孩子们的一封信”开启项目,通过班级群畅通线上定期交流答疑制度。

2. 学生

学生依据融合学科分为八组,具体名称及分工如下图:

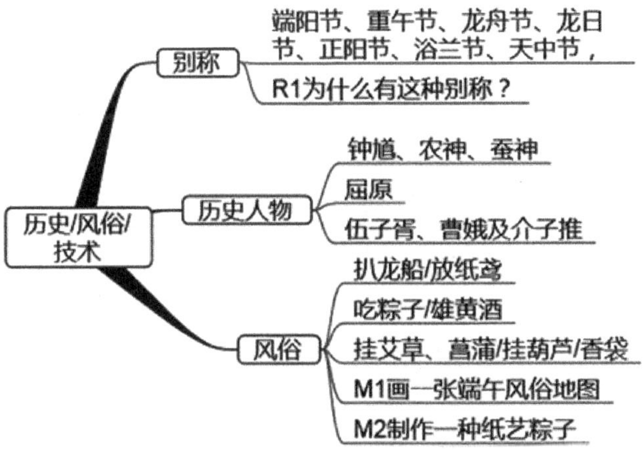

图 6-4-4　历史风俗小组

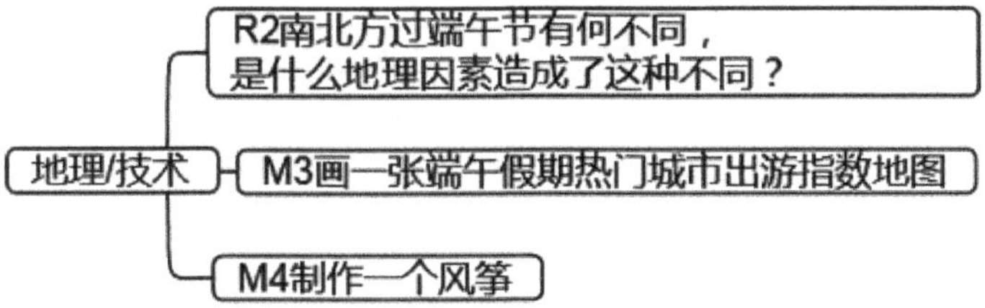

图 6-4-5　地理小组

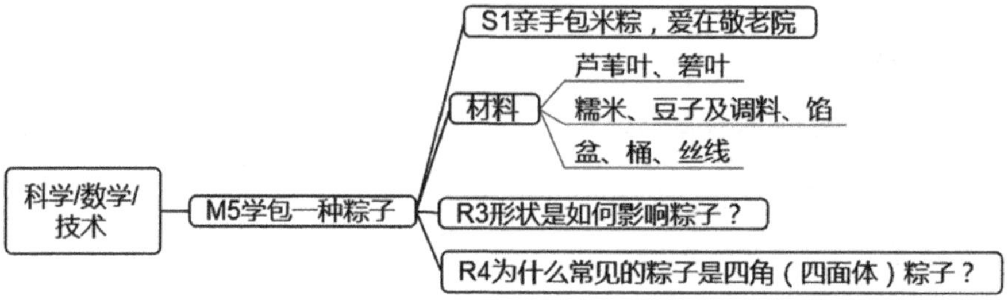

图 6-4-6　科学数学小组

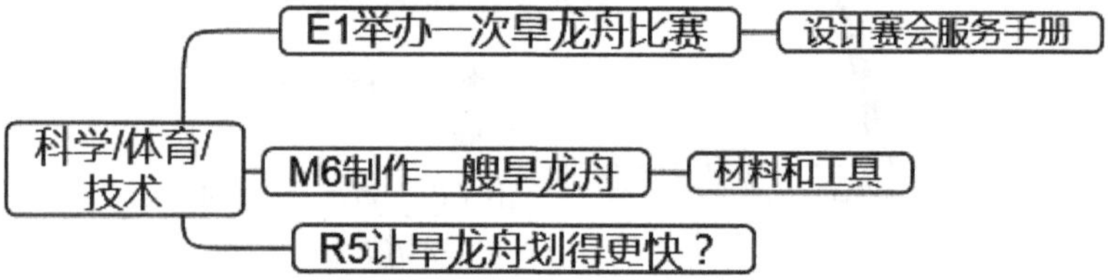

图 6-4-7　科学体育小组

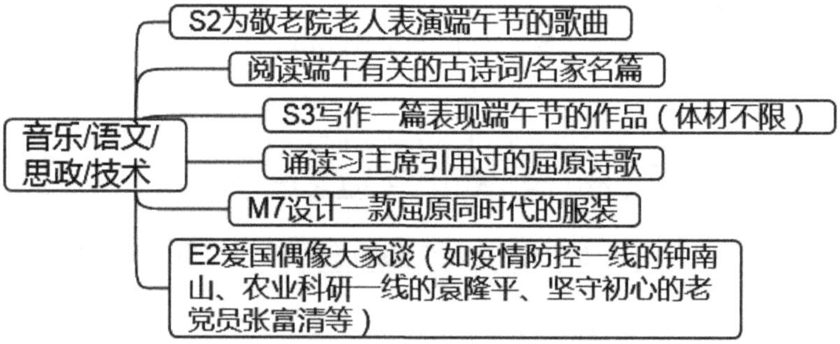

图 6-4-8　音乐、语文、思政小组

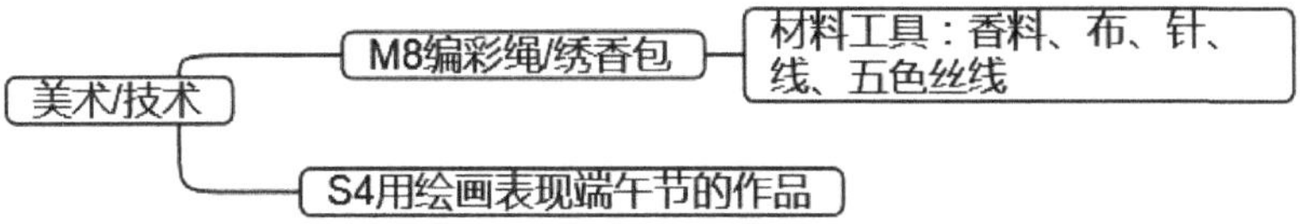

图 6-4-9　美术小组

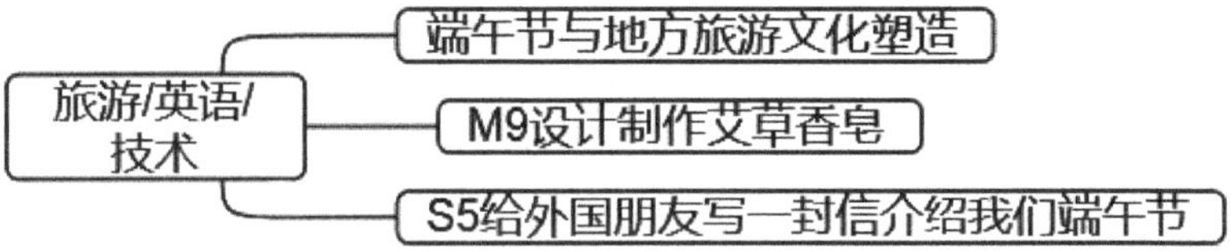

图 6-4-10　旅游、英语小组

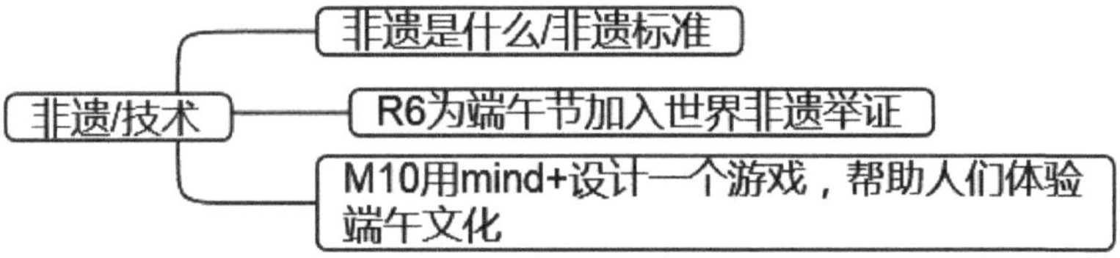

图 6-4-11　非遗小组

2. 安全预案

表 6-4-2　项目安全预案(示例)

可能出现的问题	解决预案
1. 组织问题:小组成员间出现组员游离外小组的情况	填写项目任务书,张贴到教室醒目位置,任务到组,到人
2. 安全问题:学生兴趣不一,选择工具范围大,安全隐患大	强调工具的安全使用,在使用工具时尽量征得指导教师和家长的意见
3. 材料问题:所选材料不易准备,成本高等问题	建议根据实际选择项目,不要一味图大图好看,可用替代材料
4. 方法问题:制作美篇、录制视频出现技术问题	教师录制微课,使用线上资源。 鼓励家长参与
5. 其他问题:项目维持问题、激发学生参与积极性问题	通过班级群集中答疑。利用美篇及时报道本项目进展情况,表扬鼓励不同水平的学生

3. 项目重、难点及创新点

(1)重点

设计制作类实践活动中的创意物化环节

(2)难点

社会服务类、职业体验类实践活动中方案的制定、组织和协调

(3)创新点

基于真实的现实需要,引导学生全课程、跨学科角度关注端午节期间劳动人民开展的各种实践生活,通过经历完整的设计制作、考察探究、社会服务和职业体验等劳动实践活动全过程,推动学生形成高尚的品德、创新的思维、健康的体魄、良好的审美和劳动的习惯。

（三）项目实施

表 6-4-3　劳动项目课程安排表

活动阶段	活动内容	教师行为	学生行为
项目建构	1. 情境创设，确立任务。从端午节的人们的生活实践活动出发，从五育融合的角度，选择项目，为端午节立传 2. 任务分解，编制课程地图 项目准备——驱动性任务——项目评估——课程地图 3. 确定整体活动方案。将活动的方案简化为项目任务书，通过启动会宣传到每一位学生中去	1. 教师写给学生家长的一封信：阐述项目开展的意义，目标、内容、成果呈现、评价等方式 2. 通过思维导图绘制项目课程地图 3. 确立班级群的答疑教研制度	1. 与老师、同伴互动，建立共情，认识到为端午节立传是一个五育融合实践的好项目 2. 学会使用思维导图软件绘制项目思维导图 3. 吸引身边的亲友参加活动
背景经验	1. 选题：头脑风暴 端午节里的每一类活动，从学科融合的角度，可以有那几项不同的实践形式？ 2. 实践流程培训： 3. 研究报告撰写 4. 微视频制作技术 5. 美篇制作技术、二维码制作技术	1. 辅助一般技能的培训 2. 各指导教师进入学科小组，跟进指导 3. 注重发挥学生的学习主动性，提供获取基本知识的渠道 4. 及时跟进解决学生的其他问题	1. 熟练掌握一般性技能 2. 在教师的指导下，小组按照实践流程制定活动方案
实践体验	分小组实践 1 设计制作类 2. 考察探究类 3. 社会服务类 4. 职业体验类	1. 各指导教师以战友身份参与活动的全过程 2. 观察小组成员的表现，提供即时性的鼓励和评价	1. 按照活动方案进行实践 2. 注意数据的搜集整理，影像资料的留存

续表

活动阶段	活动内容	教师行为	学生行为
成果表达	1. 龙舟大赛 2. 爱在敬老院 3. 爱国偶像大家谈 4. 总结交流汇报会	1. 教师回顾整个项目的发生、发展的过程,播放优秀班级美篇和个人美篇;播放学校美篇;播放教师制作的专题片 2. 组织教师、学生进行自评 3. 邀请家长、校长、校外辅导员参与评价	1. 小组合作完成任务 2. 根据评价量规改进作品或报告

案例四附件一:给家长孩子们的一封信

我为端午节立传

各位家长朋友,亲爱的同学们:

大家端午安康!

“我总想为大家辟一条光明的路”,这是中国共产党早期重要领导人瞿秋白的一句名言。瞿秋白这则誓言多年以来一直盘桓在我的心头,就像那星星之火,给我前行的力量。我总想尽我所能柔软地改变教育。未来在同学们的肩上。

昨天和前天(6 月 7 日和 8 日),人民日报刊发了两篇署名为宣言的文章:“社会主义没有辜负中国”和“中国没有辜负社会主义。”受此启发,我想到了端午节。包括端午节在内的传统节日给我们留下了一笔宝贵的财富,从这个意义讲,“端午节没有辜负每一位中华儿女”;于是想到“我们有没有辜负端午节呢”“我们这样做才能不辜负端午节”的命题。诚如 2021

年天津高考作文题目所言：节日也是纪念日。怎样守住我们的根，我们的魂；在纪念日，我们能做什么？增强文化自信，那么就从端午节开始吧。于是“我为端午节立传”这个项目就这样产生了。

语数外、物化生，政史地，你能想到的全学科竟然都融合在一个劳动技术项目中；设计制作、考察探究、社会服务、职业体验等，你能想到的活动方式也融于其中，想想都觉得兴奋！

大朋友、小朋友们，我们总共设计了 10 项设计制作类任务，6 项考察探究类任务，5 项社会服务类任务和 2 项职业体验任务。总有一个适合你，你们可以根据自己的兴趣爱好和能力选择加入合适的小组。每个小组将完成一项或几项任务，我们还为每个小组配备了专业的指导教师。他们或是来自我校学科优秀教师，或是来自校外科技辅导教师，他们将作为战友参与到项目中去，与你们一道克服困难，迎接挑战，见证奇迹！当然，你们可以完成不限于以上提到任务，自我设定任务无上限！

基于项目的学习以及基于问题的学习（PBL），是当今世界教育教学改革的主要趋势，因其围绕“真实”的问题、运用多种“学科知识”和“技能”解决问题、注重“学习成果”展示等特点而受到人们的推崇。在这个过程中，学生将知识学以致用，学习过程充满自主合作探究的味道，学生“像科学家一样学习”“像工程师一样工作”。这与新时代关键技能的培养是一致的。我校是较早开始 PBL 实验的学校。以前我们实施的学科融合，通常是三三两两个学科，如绿地图测绘、植物身份证等。可是这一次，我们借着端午节，把所有的学科活动方式融合在一起，力求让学生在德智体美劳等方面得到全面发展。让我们一起努力，莫辜负了这个时代，辜负了端午佳节。

祝愿大家端午安康！

爱你们的永成绿叶

2022 年 5 月 10 日

案例四附件二:分组指导意见

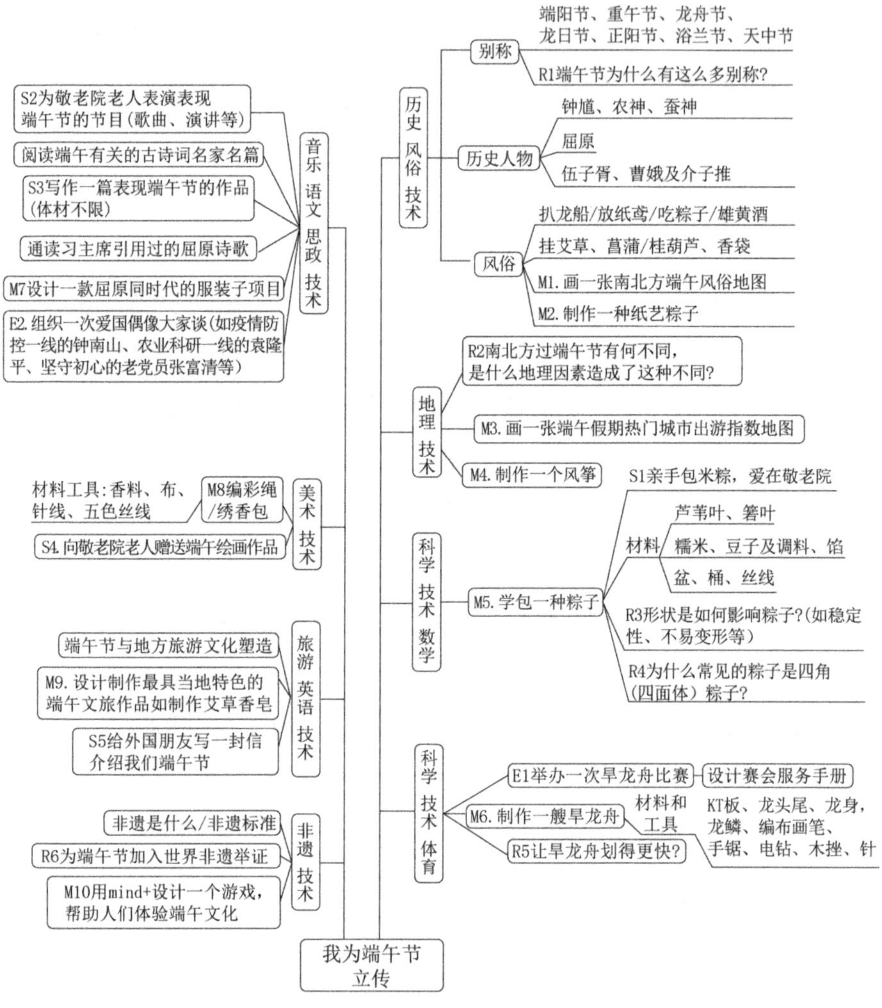

图 6-4-12　项目组织结构图

这里的 M 表示为设计制作类,R 表示考察探究类,E 表示职业体验类,S 表示社会服务。这里的科学学科包括物理、化学和生物学科,技术主要指劳动技术和信息技术。

案例四附件三:项目学习分组表

表 6-4-4　“我为端午立传”项目学习分组表

序号	小组名称	小项目长	成员	任务描述	完成情况
1	历史风俗技术组			M1 画一张南北方端午节风俗地图 M2 制作一种纸艺粽子 R1 端午节为什么有这么多别称?	
2	地理技术组			M3. 画一张端午假期热门城市出游指数地图 M4. 制作一个风筝 R2 华夏南北方过端午节有何不同,是什么地理因素造成了这种不同?	
3	科学数学技术组			M5. 学包一种粽子 R3 形状是如何影响粽子?(如稳定性,不易变形等) R4 为什么常见的粽子是四角(四面体)粽子? S1 亲手包米粽,爱在敬老院	
4	科学体育技术组			M6. 制作一艘旱龙舟 R5 让旱龙舟划得更快? E1 举办一次旱龙舟比赛	
5	音乐语文思政技术组			M7 设计一款屈原同时代的服装 S2 为敬老院老人表演表现端午节的节目(歌曲、演讲等) S3 写作一篇表现端午节的作品(体裁不限) E2. 组织一次爱国偶像大家谈(如疫情防控一线的钟南山、农业科研一线的袁隆平、坚守初心的老党员张富清等)	
6	美术技术组			M8. 编彩绳/绣香包 S4. 向敬老院老人赠送端午绘画作品	

续表

序号	小组名称	小项目长	成员	任务描述	完成情况
7	旅游英语技术组			M9. 设计制作最具当地特色的端文旅作品如制作艾草香皂 S5 给外国朋友写一封信介绍我们端午节	
8	非遗技术组			M10. 用 mind+设计一个游戏，帮助人们体验端午文化 R6 为端午节加入世界非遗举证	

注明：M 表示为设计制作类，R 表示科学探究类，E 表示职业体验类，S 表示社会服务。这里的科学学科包括物理、化学和生物学科，技术主要指劳动技术和信息技术。

案例四附件四：优秀学习成果

表 6-4-5　“我为端午立传”课程项目学习成果

活动方式	设计制作	考察探究	社会服务	职业体验
任务描述	M1 画一张南北方端午节风俗地图 M2 制作一种纸艺粽子 M3 画一张端午假期热门城市出游指数地图 M4 制作一种风筝 M5 学包一种粽子 M6 制作一艘旱龙舟 M7 设计一款屈原同时代的服装子项目 M8 编彩绳/绣香包 M9 设计制作最具当地特色的端午文旅作品如制作艾草香皂 M10 用 mind + 设计游戏，帮助人们体验端午文化	R1 端午节为什么有这么多别称？ R2 华夏南北方过端午节有何不同，地理因素造成不同？ R3 形状是如何影响粽子？（如稳定性，不易变形等） R4 为什么常见的粽子是四角（四面体）粽子？ R5 让旱龙舟划得更快？ R6 为端午节加入世界非遗举证	S1 亲手包米粽，爱在敬老院 S2 为敬老院老人表演表现端午节的节目（歌曲、演讲等） S3 写作一篇表现端午节的作品（体裁不限） S4 向敬老院老人赠送端午绘画作品 S5 给外国朋友写一封信介绍我们端午节	E1 设计举行龙舟赛的会务手册 E2 敬老院护工的一天 E3 爱国偶像大家谈

续表

活动方式	设计制作	考察探究	社会服务	职业体验
美篇	除五毒挂艾叶 (M2M1M8M9) 张智恺　朱荣萱 秦秉正	端午粽子 (M2M5R3R4S4) 翟伶雨　秦秉正 朱荣萱　唐湲欣 张恩瑞	端午感悟(S3) 秦秉正　朱荣萱 窦枫依　张恩瑞 曾庆然	(中英文介绍 S5) 张智恺　窦枫依 秦秉正　郑皓文 朱荣萱
美篇	端午风俗 (R1R2) 秦秉正　朱荣萱 窦枫依	端午旱龙舟 (M6R5E1) 张智恺　秦秉正 刘美辰　郭泽锐 陈冠成	艾草香皂(M9) 秦秉正	粽子里的 几何学(R4) 朱荣萱

案例五：放飞梦想，弘扬奥运精神，为在全运会开幕式上看到风筝的身影举证

一、项目目标

（一）项目背景

《纲要》指出：劳动教育要“充分发挥传统劳动、传统工艺项目育人功能”。“……中华优秀传统文化特色项目中，自主选择 1 至 2 项生产劳动，经历完整的实践过程，提高创意物化能力，养成吃苦耐劳、精益求精的品质……”

风筝，是传统文化的瑰宝，以其丰富的内涵和特有的魅力，吸引着一代又一代青少年。特别是在 2008 年北京奥运会开幕式上“风筝女孩”异彩纷呈的高空漫步表演，让风筝成为国际友谊交往和文化体育交流的一种媒介，成为贯彻全民健身、全民奥运的一种好项目。

2017 年，第 13 届全国运动会将在天津举办，如何弘扬奥运精神，展现天津这座现代化城市在改革开放中所取得的巨大成绩，如何挖掘风筝项目的科技、健身和文化艺术的内涵，促使学生更加自觉自愿地投身到校园风筝活动中去，成为我们此次活动的主要目标。

（二）项目描述

目前，风筝活动受到越来越多人的青睐，成为人们贯彻全民健身、全民

奥运的一种好项目。如何加深同学们的理解，充分挖掘风筝项目的科技、健身和文化艺术的内涵，更加自觉自愿地投身到校园风筝活动中去，我们由此问题引入确立工程任务：设计制作有天津地域特色的风筝作品，为在全运会开幕式上看到风筝的身影举证。在背景经验环节中我们设计了“感悟风筝文化”系列活动，确定选题，成立研究小组，举办专题讲座，形成风筝文化主题的研究报告；而在“风筝设计、制作和放飞”的解决工程问题中，通过专家组——同类组的合作实现重难点的突破和成果的分享，形成风筝制作放飞主题研究报告；在实践体验环节，孩子们通过自己设计、制作、测试、展示，不断调整、完善自己的设计方案，从而制作出具有自己组内创意的风筝作品。在成果表达环节，召开优秀作品展览会，举证会，向相关部门提交建议书。

（三）驱动问题

设计制作有天津地域特色的风筝作品，为在全运会开幕式上看到风筝的身影举证。

(四)其他关键要素确定

1. 确定授课教师

该项目内涵的 STEAM 学科分析如下:

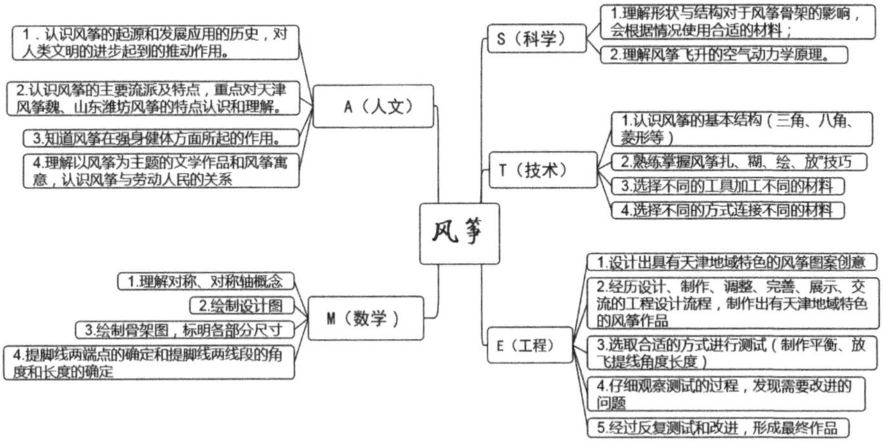

图 6-5-1 项目融合学科

因此,本项目的授课教师以劳动技术学科教师、综合实践活动或科技活动辅导的教师为主,物理、数学、美术、班主任为辅,还可以聘请区域风筝协会方面的专家为校外科技辅导员。

2. 确定项目实施对象

各学段学生都可以参加。在任务的进阶、成果呈现方式上应有所区别。笔者是在学校初一年级开展,完成全部实践活动。

3. 确定实践地点、项目开设方式、教具学具

实践地点:学校教室(普通教室或专用教室都可以),广场

开设方式:PBL 组织项目

教具:1. 风筝样品 2. 课件。

学具:竹条、线、白布,胶水或双面胶,纸板等;钳子,剪刀,美工刀,彩

笔,线桄子、尼龙线,手柄式的半自动进线盘等。

4. 确定项目内容

表 6-5-1　劳动项目课程安排表

课程安排	具体内容
第一课时	情境创设,确立工程任务。设计制作有天津地域特色的风筝作品 确定整体活动方案。将活动的方案简化为活动流程,制作活动手册,发放到学生中去
第二课时	感悟风筝文化 “风筝与人类社会发展”专家讲座
第三课时至第四课时	风筝设计制作 风筝的受力调查、风筝的形状材料 风筝的对称/重心 风筝的美学布局 风筝制作流程: (扎骨架、糊纸蒙面、绘制、提脚线) 编写风筝实物模型的制作说明书
第五课时	风筝放飞 飞升原理——空气动力学 编写风筝放飞的指导说明书
第六课时至第七课时	1. 作品设计方案(绘制设计图) 2. 作品制作、测试和优化 3. 作品后期处理
第八课时	表达交流: 1. 优秀作品展览会 2.《全运会开幕式展现风筝身影》举证会 3. 撰写举证建议书 4. 美篇宣传(阶段代表性的活动照片、视频) 5. 评价

（五）项目目标

1. 价值体认

风筝，是传统文化的瑰宝。风筝是国际友谊交往和文化体育交流的一种媒介，是贯彻全民健身、全民奥运的一种好项目。激发学生自觉将自身成长与祖国联系起来的思想感情，懂得将传统文化的精髓发扬光大的重大意义。

2. 责任担当

风筝活动与中小学生的健康成长更显得密不可分。富有科技、健身、艺术内涵的风筝活动非常有益于中小学生的健康成长。

3. 问题解决

初步获取有关风筝历史、文化等方面的知识和涉及风筝制作、放飞等方面的科学知识。形成建议书，向相关部门提交建议。

4. 创意物化

知道风筝内涵物理、数学、美术等学科知识，经历设计、制作、测试、展示、不断调整、完善自己的设计方案及作品的过程，提高学生动手实践操作能力。

二、项目评价

（一）确定预期结果与呈现方式

可物化成果主要表现风筝作品和举证建议书，其中建议书包括“风筝文化”为主题的研究报告、“风筝制作与放飞”为主题的研究报告（包括制作风筝实物模型的操作说明书、风筝放飞技术的一般性指导说明书）。美篇和微视频。

(二)确定合适的评估证据

本项目以任务驱动,以表现性评价为主,注重用详细的评价量规对可物化的成果进行监测,以此推动项目的运行。完成这三项必做项目,项目就评估为达标。做得好的项目可自荐、小组推荐、教师推荐到班级美篇发表,以此来贯彻个人自评、小组评价以及教师评价相结合的评价原则。

三、项目教学

(一)项目课程地图

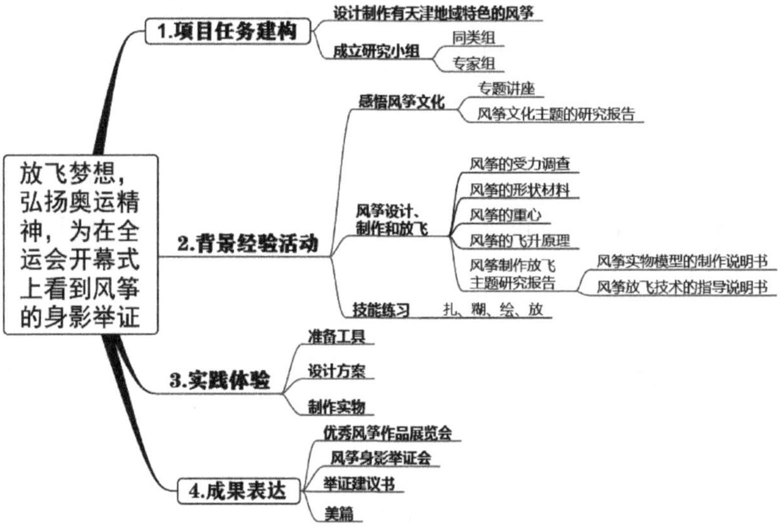

图 6-5-2　项目课程地图

(二)项目前期准备

1. 教师

(1)收集资料,进行可行性论证,确定整体活动方案。沟通联系,聘请校外科技辅导员,准备培训资料。

(2)组织动员。将活动的方案简化为活动流程,制作活动手册,发放到全年级学生中去。

(3)专题讲座。联系专家事宜。

(4)确定选题,成立研究小组,分派任务,明确责任,开展活动。

2. 学生

在教师的指导下,成立风筝“文化”主题探究的学生专家小组,主要探究风筝对人类社会发展产生的巨大影响。最后小组合作完成一份较为完整的“风筝文化”为主题的研究报告。

本选题的专家小组拟定为:

(1)历史学家小组:研究风筝的起源和发展应用的历史,对人类文明的进步起到巨大的推动作用。

(2)科研专家小组:研究风筝的主要流派及特点,重点研究天津风筝魏、山东潍坊风筝的特点等。

(3)体育专家小组:研究风筝在强身健体方面所起的巨大作用。

(4)文学专家小组:研究以风筝为主题的文学作品和风筝寓意。

在教师的指导下,成立风筝“制作及放飞”主题探究的学生专家小组,主要探究风筝的制作与放飞,最后小组合作完成一份较为完整的“制作及放飞”为主题的研究报告。

本选题的专家小组拟定为:

1)材料学家小组:研究制造风筝材料的发展史,选择最能体现奥运精神的特色材料。

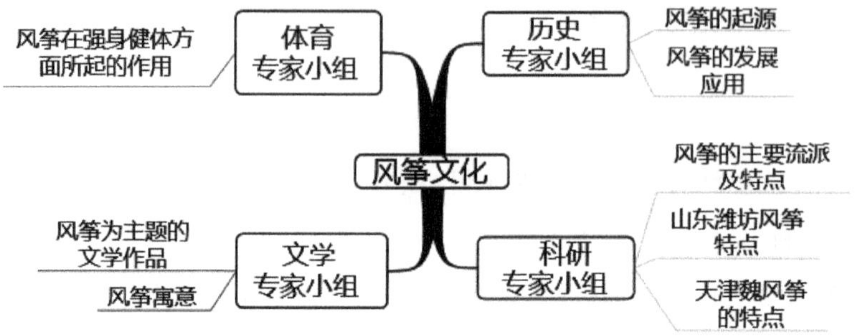

图 6-5-3　风筝文化研究专家小组分组示意图

2)美术学家小组:研究奥运会与风筝的最佳结合点,设计最能体现奥运精神造型的风筝。

3)物理专家小组:研究风筝的制作原理并尝试动手制作风筝,最终提交一份简单适用的关于风筝的制作的说明书。

4)放飞专家小组:研究风筝飞升的平衡原理,为放飞风筝提供合适工具,最终提交一份简单适用的关于风筝放飞技术指导的说明书。

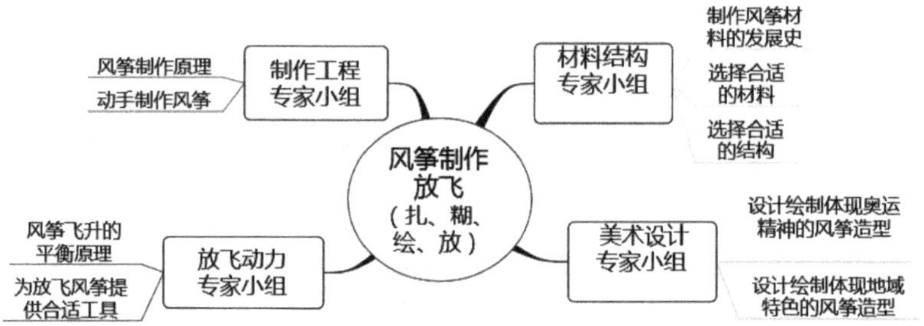

图 6-5-4 风筝制放飞专家小组分组示意图

小组活动方式路演如下图所示

为推进活动的有效开展,成立了技术支持小组,由科技辅导员担任组长。主要包括:摄影宣传小组,美篇制作维护小组。

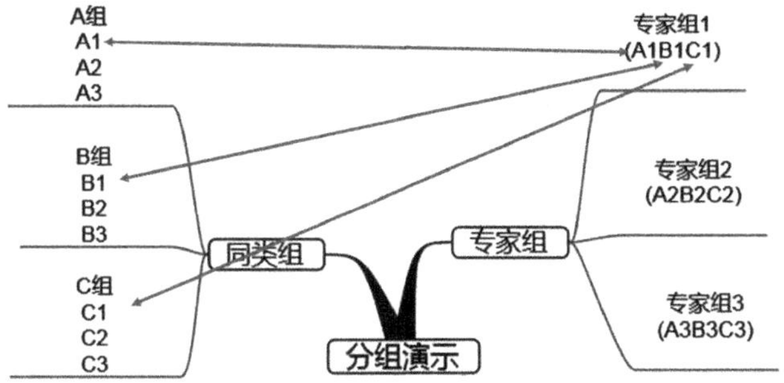

图 6-5-5　小组活动方式路演示意图

3. 安全预案

表 6-5-2　项目安全预案(示例)

可能出现的问题	解决预案
安全问题:学生到广场放风筝,特别是在周末,人流量大,安全隐患大	制定安全预案,报请学校批准;强调纪律性和组织性
知识问题:学生对风筝模型制作及放飞知识基本操作能力欠缺。	聘请区域风筝协会的有关专家担任顾问
方法问题:学生对研究报告、说明书的撰写能力欠缺;对调查课题的选择、调查方案的设计、调查方式的选取等问题	聘请本校科技组有关教师担任顾问。安排区教研室综合研究室教研员担任顾问。
学生分组问题:对小组活动开展原则比较陌生	编写小组合作方式图示,路演
举证会:建议书撰写和听证会的组织	邀请学校法制副校长讲解

4. 项目重、难点及创新点

重点:基于“感悟风筝文化”和“风筝设计、制作和放飞”的研究,小组提交一份较为完整的研究报告。

难点:设计、制作风筝及风筝放飞实验。

创新点:采用 PBL 创新教学法组织开展活动,赋予学生主动性,给学生更多的探究空间;引导学生像工程师一样经历设计、制作、测试、展示、调整、完善自己的设计方案及作品的探究过程，在活动中开发学生潜能，让风筝这一贯彻全民健身、全民奥运的一种好项目走进青少年。

（三）项目实施

表 6-5-3　劳动项目课程安排表

活动阶段	活动内容	教师行为	学生行为
项目建构	1. 情境创设，确立工程任务。设计制作有天津地域特色的风筝作品 2. 组织动员，确定整体活动方案。将活动的方案简化为活动流程，制作活动手册，发放到学生中去	1. 沟通联系，聘请校外科技辅导员，准备培训资料 2. 教师利用视频阐述风筝在人类历史长河中所起的积极作用。 利用模型激发兴趣	1. 感知理解 2. 确定选题，成立研究小组，分派任务，明确责任，开展活动
背景经验	感悟风筝文化 1. 举办专题讲座 2. 信息的检索整理 3. 风筝设计制作和放飞 风筝的受力调查 风筝的形状材料 风筝的对称/重心 空气动力学 风筝的美学布局 风筝的技能练习 （扎、糊、绘、放） 4. 采访技能 5. 研究报告撰写 6. 举证建议书撰写	1. 邀请专家为全年级学生举办"风筝与人类社会发展"的专题讲座，从不同角度介绍风筝对人类社会产生的巨大影响。 调查，走访 2. 邀请专家进课堂，作风筝的设计、制作及放飞等内容的专题讲座。系统介绍风筝计、制作及放飞涉及的知识、注意事项	1. 成立风筝"文化"学生专家小组，主要探究风筝对人类社会发展产生的巨大影响。最后小组合作完成一份较为完整的"风筝文化"为主题的研究报告 2. 成立风筝"制作及放飞"学生专家小组，主要探究风筝的制作与放飞，最后小组合作完成一份较为完整的"制作及放飞"为主题的研究报告
实践体验	准备工具 设计方案 制作实物 放飞	组内合作 完成任务	1. 作品设计方案 2. 作品制作、测试和优化 3. 作品后期处理

续表

活动阶段	活动内容	教师行为	学生行为
成果表达	1. 优秀实物作品展览会 2. 举证建议书 3.《全运会开幕式展现风筝身影》举证会 4. 美篇宣传(阶段代表性的活动照片、视频) 5. 总结交流 6. 将举证材料(建议书、活动过程性材料、照片及部分宣传报道)统一寄发给天津全运会组委会开闭幕式工作部,以备审议采纳。	1. 与学生一起欣赏优秀作品。评选出每一活动阶段组内明星和优秀小组 2. 组织同学集体评议一组最佳风筝,最佳研究报告 3. 组织学生以角色扮演的形式召开举证会 4. 完善举证建议书。	1. 提交展览作品,布展 2. 角色扮演参加举证会 3. 完善建议书 4. 个人自评和小组互评

案例五附件一:评价量规

表 6-5-4　风筝实物评价量规

类别	评价要点	评价方式		
		小组自评	小组间互评	教师(顾问)评
制作	材料选取适当,形状合适	满分 100 得分:	满分 100 得分:	满分 100 得分:
	图案搭配合理,在空中视觉效果好			
放飞	飞升效果好,收放自如			
小计得分		S1 =	S2 =	S3 =
总评:________　S = R1 * S1+R2 * S2+R3 * S3 说明:S(score)代表总评分,S1 代表自评得分,S2 代表小组互评得分,S3 代表教师评价得分,R(ration)代表比例,R1 代表自评在总评中所占比例,R2 代表小组互评在总评中所占比例,R3 代表教师评价在总评中所占比例,该比例的确定不唯一,使用者可根据情况赋值一个恰当的比例。				

表 6-5-5　研究报告评价量规

类别	评价要点	评价方式		
		小组自评	小组间互评	教师(顾问)评
内容/呈现	研究内容要素全,每个课题论述时至少要一段文字资料,两副图片资料	满分 100 得分:	满分 100 得分:	满分 100 得分:
	图文搭配合理			
组织	小组成员分工合理			
小计得分		S1=	S2=	S3=
总评:＿＿＿＿＿＿＿＿＿　　$S= R1 * S1+R2 * S2+R3 * S3$ 说明:S(score)代表总评分,S1 代表自评得分,S2 代表小组互评得分,S3 代表教师评价得分,R(ration)代表比例, R1 代表自评在总评中所占比例,R2 代表小组互评在总评中所占比例,R3 代表教师评价在总评中所占比例,该比例的确定不唯一,使用者可根据情况赋值一个恰当的比例。				

表 6-5-6　建议书评价量规

类别	评价要点	评价方式		
		小组自评	小组间互评	教师(顾问)评
标题	一般在第一行中间写上“建议书”字样。有的建议书还写上所建议的内容。	满分 10 分 得分:	满分 10 分 得分:	满分 10 分 得分:
称呼	称呼要求注明受文单位的名称称呼或个人的姓名,要在标题下隔两行顶格写,后加冒号。	满分 10 分 得分:	满分 10 分 得分:	满分 10 分 得分:
正文	正文首先要先阐明提出建议的原因、理由以及自己的目的、想法。其次要写明建议的具体内容。最后,提出自己希望采纳的想法。	满分 60 分 得分:	满分 60 分 得分:	满分 60 分 得分:
结尾	结尾一般是表示敬意或祝愿的话。同一般书信相同	满分 10 分 得分:	满分 10 分 得分:	满分 10 分 得分:

续表

类别	评价要点	评价方式		
		小组自评	小组间互评	教师(顾问)评
落款	落款要署上提建议的单位或个人的称呼姓名,并署上成文日期。	满分10分 得分:	满分10分 得分:	满分10分 得分:
小计得分		S1=	S2=	S3=
总评:________ S= R1 * S1+R2 * S2+R3 * S3 说明:S(score)代表总评分,S1代表自评得分,S2代表小组互评得分,S3代表教师评价得分,R(ration)代表比例,R1代表自评在总评中所占比例,R2代表小组互评在总评中所占比例,R3代表教师评价在总评中所占比例,该比例的确定不唯一,使用者可根据情况赋值一个恰当的比例。				

案例五附件二:组内评议交流量表

1."风筝文化"研究阶段量表

表6-5-7 劳动项目组内自评表

姓名		组别	
1.我在小组中最主要的贡献是		是√	否×
(1)	参与研究计划的拟订,围绕任务提出子课题		
(2)	参与收集资料		
(3)	负责整理资料		
(4)	负责设计排版		
(5)	负责当中心发言人		
(6)	参与查阅资料、走访专家、提出问题、倾听讲述、记录笔记以及下载资料的活动。		
2.我在小组完成任务的过程中,最大的收获是		是√	否×
(7)	学会了与别人合作交流		
(8)	信息收集、处理能力有了提高		
(9)	思考问题更全面、更深入,体验到了研究的乐趣		

续表

(10)	学会了面对困难、克服困难		
合计得分	选择一个“是√”得10分,依照选“是√”的个数汇总得分,满分100分。		

表6-5-8 劳动项目组内互评表

评语 项目	加油啊 (8分)	有进步 (12分)	你真棒 (20分)	得分
收集信息	没有找到3份有关风筝的文章和2张图片	找到3份有关风筝的文章和2张图片,但有的材料不能紧扣主题	找到3份以上有关风筝的文章和2张以上图片,所有的材料都能说明问题,紧扣主题	
整理信息	不能建立自己的信息资料库	会建立自己的信息资料库,但整理信息的方法不是很熟练	建立电子信息资料库,能够利用电脑软件的复制、粘贴、插入、删除功能熟练组合整理信息	
协作共享	不愿意与别人合作探究	能与同学合作,但没有达到资源共享。	能与同学合作,并提供自己的资料和同学共享。	
网上操作	没有学会使用美篇	学会使用美篇,要素齐全,在排版、文字修饰方面仍有很大的进步空间	学会使用美篇,要素齐全,版面合理,图文并茂,视频和文字搭配得当,视觉效果好。	
创新学习	没有发现上网查资料的新方法和技巧	发现上网查资料的一种新方法和技巧	发现上网查资料的多种新方法和技巧	
评价人:	被评价人:		合计得分:	

2.“风筝制作、放飞”研究阶段量表

表 6-5-9　劳动项目组内自评表

姓名		组别	

1. 我在小组中最主要的贡献是		是√	否×
(1)	参与研究计划的拟订,围绕任务提出子课题		
(2)	参与风筝零部件的制作		
(3)	参与风筝制作流程说明书的编写		
(4)	参与风筝造型设计		
(5)	参与风筝放飞试验的全过程		
(6)	参与项目的摄影及文字报道		
2. 我在小组完成任务的过程中,最大的收获是		是√	否×
(7)	学会了与别人合作交流		
(8)	组织、协调能力有所增强		
(9)	动手能力和信息处理能力有了提高		
(10)	思考问题更全面、更深入,体验到了研究的乐趣		
合计得分	选择一个“是√”得 10 分,依照选“是√”的个数汇总得分,满分 100 分。		

表 6-5-10　劳动项目组内互评表

评语 项目	加油啊 (8 分)	有进步 (12 分)	你真棒 (20 分)	得分
收集获取信息	学会网上查阅资料的一般方法	除学会网上查阅资有效料外,还主动去图书馆、走访专家寻求资料	学会运用多种渠道获取资料和信息包括查阅资料、走访专家、提出问题、倾听讲述、记录笔记以及网上检索文献和下载资料	
整理信息	能够对信息进行简单的归类、分组等一般管理	能够对信息进行初步的甄别、筛选等管理活动	能够对信息进行有效的甄别、筛选、重组等管理活动	

评语 项目	加油啊 (8 分)	有进步 (12 分)	你真棒 (20 分)	得分
动手操作能力	学会利用工具进行测量、制作但还没有学会制作风筝一个零部件	学会利用工具进行测量、制作,已经学会制作风筝的几个零部件,但没有完全学会	学会利用工具进行测量、制作,已经学会制作风筝的各个部件,能完整地制作一个像样的风筝	
合作交流能力	不愿意与别人合作交流	能与同学合作,但没有有效交流	能与同学合作,并提供合适的方式呈现成果,与别人有效交流。	
创新学习	能够依照说明书组装风筝	能够依照说明书组装风筝,对其中步骤提出见解	能够依照说明书组装风筝,对其中步骤提出和利改进见解,利用新见解改建重组说明书	
评价人:	被评价人:	合计得分:		

案例六：3D打印技术让“china”（瓷器）焕发光彩

一、项目目标

（一）方案背景

《纲要》指出：劳动教育基本理念是“……紧跟科技发展和产业变革，准确把握新时代劳动工具、劳动技术、劳动形态的新变化，创新劳动教育内容、途径、方式，增强劳动教育的时代性”。

3D打印技术，被誉为第三次工业革命的引擎，正影响着我们生活的方方面面。热爱新技术，运用新技术进行创意物化，是我们新时代的中学生的挑战和机遇。

“china”是瓷器的英译，其大写字母是“中国”的英译，这清楚地说明二者之间的联系。瓷器是中国的象征，在中国的历史长河中曾发挥过重要影响。3D打印技术能否让瓷器在新时代重新焕发出光彩，实现新技术与传统文化的共生共融，成为此次活动开展的主题。

（二）项目描述

利用3D打印技术，能否让瓷器在新时代重新焕发出光彩呢？活动由此问题引入确立任务：用3D打印设计一个体现中国文化的现代瓷器。在背景经验学习中我们设计了“文化感知——瓷器之旅”系列活动，举办专题讲座，深入了解中国瓷器是我国传统艺术中的瑰宝。在“创意物化——

设计打印瓷器”的活动中，我们期望孩子们从观察瓷器的结构出发，发现问题，利用设计软件去解决问题，最终完成瓷器的模型的设计，发展自己的创新精神和实践能力，体验参与活动的乐趣。在“表达交流——瓷器问辩”活动中，学生分组展示自己的作品，在其他组的问辩中，发展自己的审辩式思维。

（三）驱动问题

用3D打印技术，设计制作一个体现中国文化的现代瓷器。

（四）其他关键要素确定

1. 确定授课教师

授课教师以劳动技术学科教师、综合实践活动的教师为主，参与班主任为辅，可以聘请3D打印方面的专家为校外科技辅导员。

2. 确定项目实施对象

各学段学生都可以参加。在任务的进阶、成果呈现方式上应有所区别。笔者是在学校初一、二年级开展，完成全部实践活动。

3. 确定实践地点、项目开设方式、教具学具

（1）实践地点：学校机房（普通教室或专用教室都可以）。

（2）开设方式：采用项目教学法（PBL）组织项目。

（3）必备的器材：3D打印机（最少一台），3D设计软件，投影仪，电脑。

（4）资料：相关书籍、课程评价表，设计图纸等。

（五）确定项目内容

表 6-6-1　劳动项目课程安排表

课程安排	具体内容
第一课时	任务建构：用 3D 打印技术，设计制作一个体现中国文化的现代瓷器
第二课时	“文化感知——瓷器之旅” 1. 了解中国传统瓷器历史 2. 了解瓷器领域应用广泛的器型 3. 了解瓷器的工艺手法和制作流程 4. 了解瓷器工艺珍品
第三课时	中国经典瓷器的器型 针对青花瓷进行深入学习
第四课时	三视图的初步认识 三视图的成图原理及规律 识读简单三视图 绘制青花瓷瓷器的三视图
第五课时至第六课时	“创意物化——设计打印瓷器” 小小瓷器设计师 认识 3D 打印设计软件 瓷器建模学习阶段
第七课时	探索各种青花瓷的造型 设计青花瓷造型
第八课时	创意物化打印作品 认识 3D 打印机 设置 3D 打印参数 模型打磨　模型上色
第九课时至第十课时	“表达交流——瓷器问辩” 欣赏优秀作品/小组布置展览场地 向其他小组介绍自己组内的瓷器 总结交流

（六）项目目标

1. 价值体认

了解中国瓷器历史、瓷器的由来以及传统瓷器是如何制作出来的；了解中国的瓷器是我国传统艺术中的瑰宝，感知中国在世界制瓷领域中高超的工艺制造水平。

2. 责任担当

瓷器是中国伟大的发明之一，是劳动人民辛勤劳动的结晶。培养热爱劳动，热爱劳动人民，热爱优秀传统文化的思想感情，培育不断探索、精益求精、追求卓越的工匠精神和爱岗敬业的劳动态度。

3. 问题解决

会用3D打印技术将脑中的创意以物化的形式表达出来，动手参与3D瓷器的制作，享受探索学习的过程，创造有价值的物化劳动成果，提升创造性劳动能力。

4. 创意物化

了解一般技术图样所采用的投影方法；掌握三视图的投影规律。认识青花瓷瓷器的器型；会绘制青花瓷瓷器的三视图；自主设计青花瓷瓷器造型；能够利用设计软件完成瓷器的建模。

二、项目评价

（一）确定预期结果与呈现方式

可物化成果为模仿制作瓷器器型，自主设计瓷器器型，并输出打印。举办青花瓷瓷器展。

(二)确定合适的评估证据

评价表参见本书第四章新时代劳动教育项目的实施第四节项目评价。

三、项目教学

(一)项目课程地图

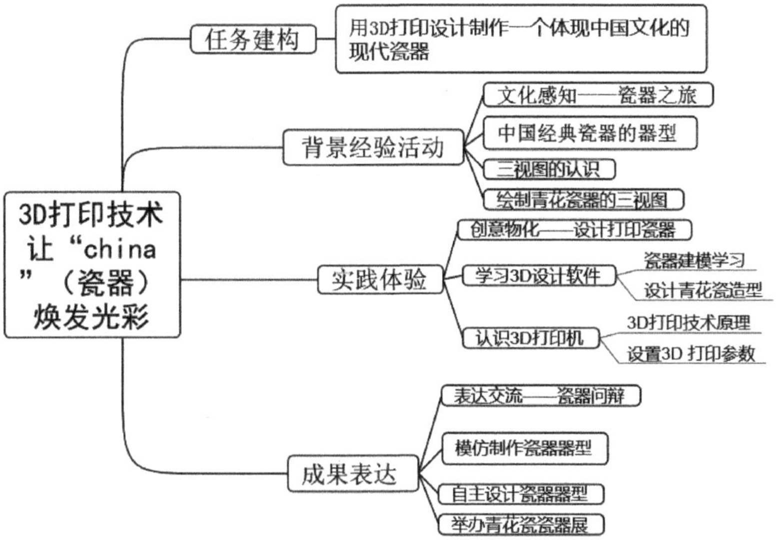

图 6-6-1　项目课程地图

(二)项目前期准备

1. 教师准备

与前述教师准备基本相同。

2. 学生准备

与前述学生准备基本相同。

3. 安全预案

表 6-6-2 项目安全预案(示例)

可能出现的问题	解决预案
安全问题:学生操作使用 3D 打印机过程产生的误操作等	强调操作的流程性,讲解标准是用流程,注意用电安全。
实例成品展示问题	课前准备完整的课程成品
学生分组问题:对小组活动开展原则比较陌生。	课前进行分组,并下达小组目标。

4. 项目重、难点及创新点

(1)重点

①了解中国瓷器文化,认识常见器型和瓷器的制作流程,深入了解青花瓷器。

②掌握三视图的画法,分析三视图,学习瓷器建模(3D 打印设计软件)。

(2)难点

①区分瓷器器型有何不同;青花瓷器在中国瓷器历史的地位和工艺成就。

②三视图画的准确,建模学会找到参考物体。

(3)创新点

①与现实生活紧密相关。让学生回到现实生活,从探索的视角展开学习,并在综合学科视角下发现问题并解决问题。在科技创新的过程中不是为了任何功利的目的,而是为了实现学生自身的内在价值。

②多领域跨界融会。通过将数学、技术、工程和艺术等多领域内容结合,抽象知识与实践技术相结合,学生也可以发散思维,并动手参与实践案

例,享受探索学习的过程,在过程中学习多学科甚至是跨学科内容。

③注重学生的学习体验。从鲜活的情境出发,注重学生自身与学习内容的交互,关注学生的学习体验,在动手建构的过程中习得知识。

(三)项目实施

表6-6-3 项目实施流程(示例)

活动阶段	活动内容	教师行为	学生行为
项目建构	用3D打印设计一个体现中国文化的现代瓷器。 1. 了解中国传统瓷器历史 2. 了解瓷器领域应用广泛的器型 3. 了解瓷器的工艺手法和制作流程 4. 了解瓷器工艺珍品	1. 教师利用视频讲解瓷器的文化及造型 2. 利用实物模型激发兴趣	1. 感知理解 2. 制作瓷器工具指南
背景经验	“文化感知——瓷器之旅”: 1. 三视图的初步认识 2. 三视图的成图原理及规律 3. 识读简单三视图 4. 中国经典瓷器的器型 5. 针对青花瓷进行深入学习 6. 绘制青花瓷瓷器的三视图	1. 重点讲解三视图的规律 2. 运用课件补充青花器的造型的图片 3. 制成分步骤演示的小微课 4. 巡回指导	1. 积极探究 2. 小组利用任务单进行合作探究 3. 编写瓷器建模学习指南
实践体验	“创意物化——设计打印瓷器”: 小小瓷器设计师 1. 瓷器建模学习阶段 2. 探索各种青花瓷的造型 3. 设计青花瓷造型 4. 创意物化打印作品 5. 模型打磨 6. 模型上色	组内合作 完成任务	1. 作品建模 2. 作品打印 3. 作品后期处理
成果表达	“表达交流——瓷器问辩”: 1. 欣赏优秀作品 2. 小组布置展览场地 3. 向其他小组介绍自己组内的瓷器 4. 总结交流	1. 与学生一起欣赏优秀作品 2. 作品评价量规建设 3. 材料准备	1. 参与互动评价量规的产生 2. 小组分角色集中展示

案例六附件:学生作品展示

图 6-6-2 正在打印的瓷器模型

图 6-6-3 瓷器作品:粉黛佳人

图 6-6-4 瓷器作品:国粹神韵

注明:本项目评价量规见第五章第四节课程项目的评价

案例七：绿地图绘出“创卫”新变化

一、项目目标

（一）项目背景

《纲要》指出：劳动教育“强调身心参与，注重手脑并用。把握劳动教育的根本特征，让学生面对真实的个人生活、生产和社会性服务任务情境，亲历实际的劳动过程，善于观察思考，注重运用所学知识解决实际问题，提高劳动质量和效率”。要组织学生“运用专业技能为社会、为他人提供相关公益服务，培育社会公德，厚植爱国爱民的情怀”。

“绿水青山就是金山银山。”的绿色发展理念，已经成为新时代人们生活生产的基本价值取向，推动美丽中国建设迈出坚定步伐，让绿色的“中国梦”逐渐走向现实。

卫生城市的创建是全国各地落实绿色发展理念的具体实践。为加强城市管理、重塑城市形象，天津市委市政府做出创建卫生城市这一项重大决策，这是广大市民朋友热切期盼的一件实事，是一项实实在在的民生工程。目前，全市人民正在积极投身到这一行动中去。作为学校，当以积极主动的姿态，鼓励学生从身边小事做起，从改善自身行为习惯做起，起到改变一个学生，影响一个家庭，带动整个社会的积极作用。但除了这些，我们在思考，采用何种方式能反映市民在创建国家文明卫生城市这一伟大的变化呢？

在我校,绿地图绘制活动已开展 8 年。能否用绿地图,绘制出市民在创建国家文明卫生城市所取得的巨大成就呢?

(二)项目描述

绿地图能否反映市民在创建国家卫生城市这一伟大的变化呢?活动由此问题引入确立任务:绘制一张反映大港中心城区在创建国家文明卫生城市中发生的变化的绿地图。教师利用视频讲解创卫在提升一个地域综合发展水平所产生的意义和价值,从而引发学生参与兴趣。在背景经验学习中我们通过举办“倾听绿地图的叙说”专题讲座,让学生了解世界,特别是学校绿地图的发生、发展及成果影响,知悉绿地图在改变环境所发挥的独特优势。在此基础上确定选题,成立研究小组。在“我要做功课”活动,小组通过学习绿地图的图例,学习调查问卷的设计,学习 GPS 数据采集器的使用。在实践体验学习中,我们设计了“绿地图在行动”活动。学生深入大港家庭、学校和社区,实地勘探,搜集绿地图景观信息和地理信息数据。绘制完成手绘图和测绘图,撰写成果报告。

(三)驱动问题

绘制一张反映大港中心城区在创建国家卫生城市中发生变化的绿地图。

(四)其他关键要素确定

1. 确定授课教师

该项目内涵的综合学科特征分析如下图所示:

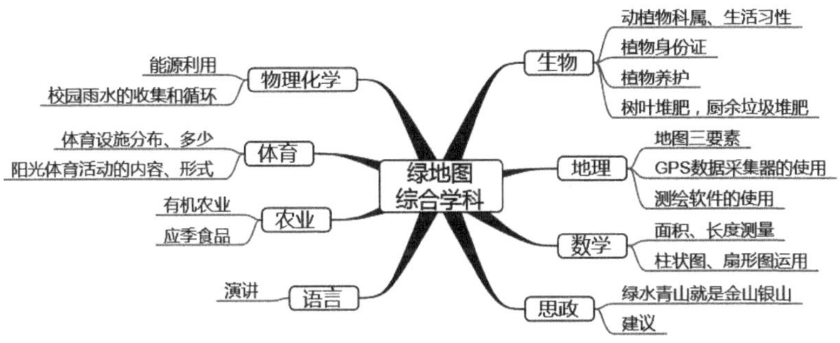

图 6-7-1　项目融合学科

授课教师以劳动技术学科教师、综合实践活动的教师为主,地理、生物及其他学科教师为辅,还可以聘请区域测绘方面的专家为校外辅导员。

2. 确定项目实施对象

各学段学生都可以参加。在任务的进阶、成果呈现方式上应有所区别。笔者是在学校初一、初二年级开展,完成全部实践活动。

3. 确定实践地点、项目开设方式、教具学具

(1)实践地点:学校教室(普通教室或专用教室都可以),重点关注的区域(如世纪大道、晨辉北里小广场、迎宾街两侧),图书馆。

(2)开设方式:采用项目教学法(PBL)组织项目。

教具:教材《绿地图测绘,叩开世界的又一扇窗》;活动手册;微课。

学具:优秀绿地图挂图、绿地图图例①卡片、发散思维小卡片,GPS 数据采集器,绿地图绘制系统,景点记录单、照相机、DV。

① 本项目应用的绿地图图例为 Green Map System. Inc. 2008. 版权所有。

4. 确定项目内容

表 6-7-1　劳动项目课程安排表

课程安排	具体内容
第一课时	任务建构:绘制一张绿地图,反映大港中心城区在创建国家文明卫生城市中所发生的变化 项目评价:小组绘制完成一份自己承担区域的绿色生活地图,提交一份较为完整的主题研究报告
第二课时至四课时	“倾听绿地图的叙述” 选题指导,成立研究小组 “我要做功课”的课题研究 1. 绿地图图例学习 2. 手绘绿地图优秀作品欣赏 3. GPS 数据采集器的使用(点线面数据采集) 4. 绿地图绘制系统的使用
第五课时至第六课时	“绿地图在行动”——数据收集 1. 实地勘探采集自然、人文社会、生活景观数据 2. GPS 采集地理信息数据
第七课时至第八课时	“绿地图在行动”——数据整理、呈现 1. 手绘地图 2. 绿地图测绘系统绘制(电子地图) 3. 研究报告撰写
第九课时至第十课时	“表达与交流” 优秀作品展览 评价量规构建　建议书撰写 校园、社区展览 表彰学生

(五)活动目标

1. 价值体认

体验参与课题研究的乐趣,关注绿地图在展现“美丽中国”建设中的作用,养成亲身参与社会公益服务的理念,为家乡“卫生城市的创建”做出贡献。

2. 责任担当

探求运用绿地图技术反映大港区域自然、人文和绿色等景观在创建国家文明卫生城市中的变化，培育运用专业技能为社会、为他人提供相关公益服务，增强社会公德，厚植爱国爱民的情怀。

3. 问题解决

经历选题、探究、撰写报告、绘制绿地图、分享等课题研究的过程，体会绿地图在描述环境方面所具备的独特优势，鼓励走进社会、走进自然，提高学生解决实际问题的能力。

4. 创意物化

知道地图的三要素，能根据具体情况选择合适的比例尺；熟悉绿地图绘制的一般流程，能根据生活实际选择合适的绿地图图标；学会 GPS 数据采集器的使用，实现绿地图手绘测绘的统一。

二、项目评价

（一）确定预期结果与呈现方式

可物化成果有：绘制完成的绿地图作品手绘版和测绘版（电子版）、研究报告、团队活动 DV 纪录短片、美篇四个主要部分。有的小组可能会有植物身份标志牌、体育设施身份标志牌、环境教育标志牌等。

（二）确定合适的评估证据

参见附件 2。

三、项目教学

(一)项目课程地图

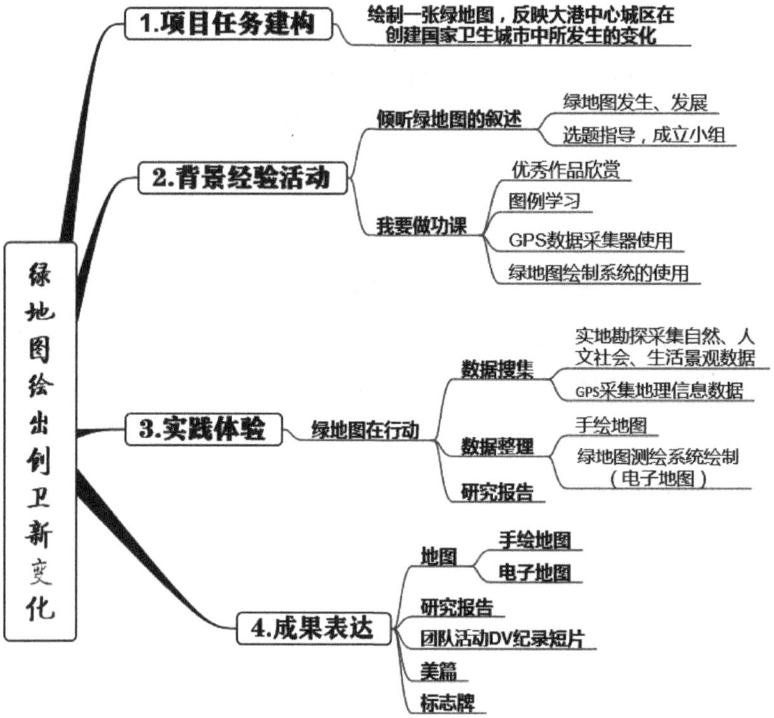

图 6-7-2　项目课程地图

(二)项目前期准备

1. 教师

(1)收集资料,进行可行性论证,确定整体活动方案。沟通联系,聘请校外科技辅导员,准备培训资料。

(2)组织动员。将活动的方案简化为活动流程,制作活动手册,发放到全年级学生中去,让学生和家长充分了解此次活动的目的、意义、内容及重要性。利用校园广播站、学校网站及班会向全校师生介绍活动,扩大活动影响,营造良好的活动氛围。

(3)专题讲座。邀请专家为全年级学生举办专题讲座,从不同角度介绍绿地图在引领人们建立绿色生活环保理念所起到的巨大影响。

2. 学生

确定选题,成立研究小组,分派任务,明确责任,开展活动。

在教师的指导下,成立学生专家小组,从不同的角度探究市民在创建国家文明卫生城市取得巨大成绩。最后小组合作完成一份较为完整的主题的研究报告。

本选题的专家小组拟定为:

(1)“植物绿化”专家小组:研究在创建国家卫生城区过程中大港中心城区区域植物的变化,重点研究世纪大道两侧绿化带绿化现状,存在问题及解决建议。

(2)“户外活动”专家小组:研究在创建国家卫生城区过程中大港中心城区区域体育设施的变化,重点研究晨辉北里小广场户外活动体育设施、参与群体、活动状况、存在问题及解决建议。

(3)“文化特色”专家小组:研究在创建国家卫生城区过程中大港中心城区区域书店(包括雷锋书屋等)的变化,重点研究书店在提高居民阅读能力,增进居民文化生活等方面采取的措施、存在问题及解决建议。

(4)“生态环保”信息专家小组:研究在创建国家卫生城区过程中大港中心城区区域环境教育标志牌的变化,重点研究迎宾街两侧环境教育标志牌的现状、行动、存在问题及解决建议。

(5)地理测绘小组。利用 GPS 数据采集器采集勘探区域的点、线、面等地理信息数据;利用绿地图测绘系统绘制地图。

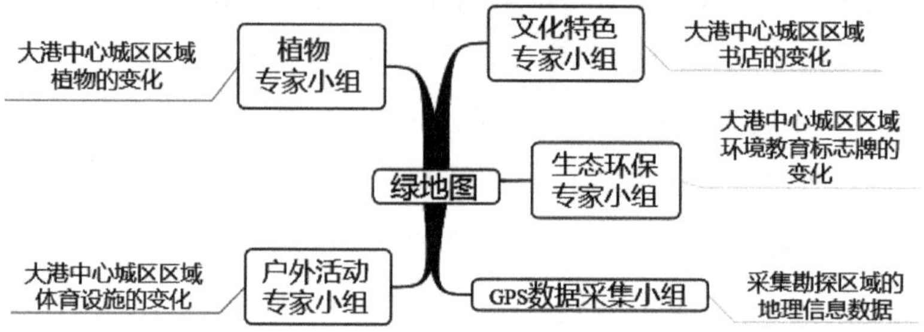

图 6-7-3 绿地图专家小组分组示意图

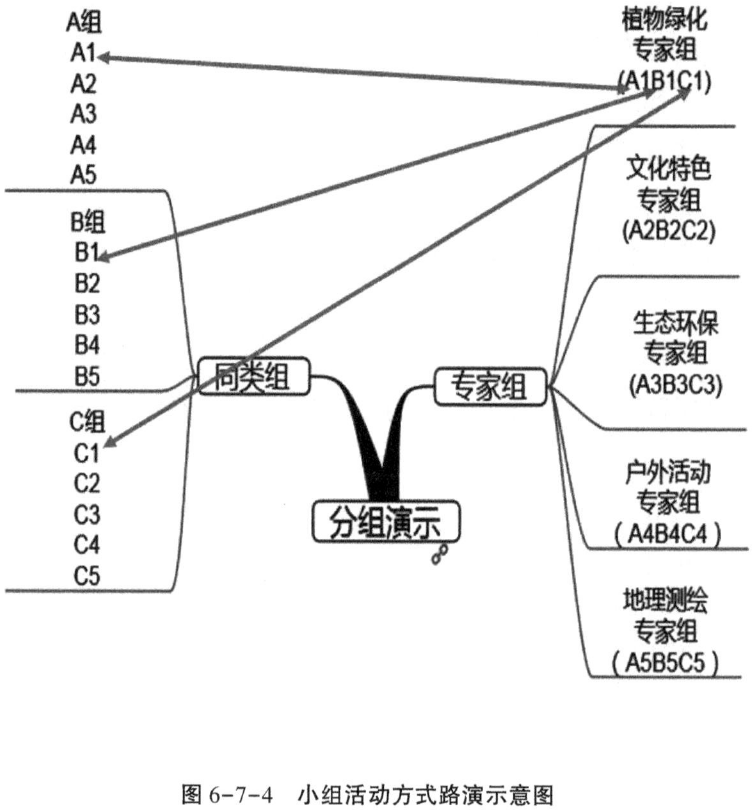

图 6-7-4　小组活动方式路演示意图

3. 安全预案

表 6-7-2　项目安全预案(示例)

可能出现的问题	解决预案
安全问题:学生在周末到世纪大道两侧绿化带、晨辉北里小广场、迎宾街两侧、大港图书馆开展调查,交通安全隐患大	强调纪律性和组织性,教师带队统一行动并邀请家长一起活动,制定安全预案,报请学校批准
知识问题:植物学、数学统计、课题的选择、调查问卷的设计	聘请相关学科教师担任指导教师
方法问题:资料搜集、调查探究方法,报告撰写	聘请区教研室综合研究室教研员担任顾问
学生分组问题:对小组活动开展原则比较陌生。	编写小组合作方式图示,路演

4. 项目重、难点及创新点

(1)重点

以绿色生态景观、人文景观为重点实地勘探世纪广场、大港公园、大港二中、大港兴盛里等小区,搜集创建国家卫生城区过程中大港中心城区发生变化的一手信息;实地探究中的过程性指导;学会调查、记录和分析数据,撰写调查报告。

向有关部门提交改进建议。

(2)难点

绿化植物、动物的识别和养护,户外体育、交通等设施中包含的科学、技术内涵,实地调查中的观察、采访、记录、整理以及传播等方法。

(3)创新点

基于真实的现实问题,将学生的关注点从课堂引向自然和社会,从科学、技术和文化的角度来研究创建国家卫生文明城区过程中大港中心城区发生变化。

采用 PBL 创新教学法组织开展活动,赋予学生主动性,给学生更多的探究空间，引导学生像科学家一样经历选题、查阅文献、初步调查了解、制订研究工作计划、搜集并整理资料、分析研究、撰写报告报告的探究过程，培养学生养成严谨求实的科学态度。

从科学、技术、文化等角度研究社会问题，把大自然、社会变成课程，在活动中开发学生潜能。

（三）项目实施

表 6-7-3　项目实施流程（示例）

活动阶段	活动内容	教师行为	学生行为
项目建构	创卫的意义和价值 1. 采用何种方式能反映市民在创建国家卫生城市这一伟大的变化呢? 2. 绿地图文化 3. 绿地图在大港二中 项目任务：小组绘制完成一份自己承担区域的绿色生活地图，提交一份较为完整的主题研究报告 项目评价： 项目对象； 项目准备： 项目课程地图	1. 教师利用视频讲解创卫在提升一个地域综合发展水平所产生的意义和价值 2 教师利用视频讲解绿地图在改变环境所发挥的独特优势 3. 利用绿地图实物作品激发兴趣 4. 整体建构项目课程地图	1. 感知理解 2. 整体把握项目课程地图， 3. 升华认识 制作绿地图一般流程
背景经验	“我要做功课”的课题研究 1. 绿地图图例学习 2. 选题指导 3. GPS 数据采集器的使用 4. 大港二中绿地图绘制系统的使用	1. 重点讲解与学生生活相关的绿地图图例 2. GPS 数据采集器的使用 3. 制成分步骤演示的小微课 4. 巡回指导	1. 积极探究 2. 小组利用任务单进行合作探究 3. 编写大港二中绿地图绘制系统学习指南

续表

活动阶段	活动内容	教师行为	学生行为
实践体验	“绿地图在行动” 1. 实地勘探自然、人文、生活景观 2. 手绘地图 3. GPS 采集地理信息数据 4. 计算机绘制地图 5. 研究报告撰写	安全指南 组内合作 完成任务	1. 实地勘探，带齐工具 2. 作品手绘—机绘 3. 作品后期处理
成果表达	“表达与交流” 欣赏优秀作品 小组布置展览场地 向其他小组介绍自己组内的作品 总结交流	与学生一起欣赏优秀作品 作品评价量规建设	参与互动评价量规的产生 小组分角色集中展示

案例七附件：评价量规

表 6-7-4　绿地图景点数据采集纪录单

勘探地点：		小组：	
景点类别		ICON	
名称		联络人	
电话		E—MAIL	
地址			
实时位置（GPS 定位）			
景点对区域重要性			
景点创卫前后对比照片			
景点创卫前后相关人物的认识与感受			
纪录人：		日期：	

表 6-7-5　学生绘制作品规划表

作品名称	
设计思路	
收集的素材	
创作的过程	
作品特色	
遇到的问题及解决的途径	

表 6-7-6　作品自评表

评价指标	评价标准	优秀 3	良好 2	一般 1
思想性	主题明确,能完整表达主题思想,内容丰富,信息量大			
科学性	可以根据实物特征,合理使用 GPS 工具采集点、线、面信息数据使用测绘系统,可视化数据的处理,无科学性的错误方向,比例尺,图例等地图的基本要素使用合理			
创造性	正确运用国际绿地图统一图例,且意思表达完整,符合图例的基本含义,能根据实际设计几个自创图例			
艺术性	作品布局合理,能反映出作者具有一定的审美能力和电脑美术水平;完美运用形、色、空间、明暗等美术语言			
综合认定	分值为 S,$8<S\leq 12$ 分评定为优秀,$4<S\leq 8$ 评定为良好,$S\leq 4$ 评定为一般			

表 6-7-7　作品互评表

序号	作品名称	作品的优点	需要改进的地方
1			
2			
3			

案例八：引江水来之不易，天津人惜之别怠

一、项目目标

（一）项目背景

《纲要》指出要组织学生运用专业技能为社会、为他人提供相关公益服务，培育社会公德，厚植爱国爱民的情怀。

天津是一个严重缺水的城市，近些年为解决天津的用水问题，党中央和天津市政府采取了许多措施，从引滦入津的滦河水、引黄济津的黄河水到如今南水北调的引江水。作为发挥调蓄和战略储备作用的大港水库近临我们学校，而入水河道就在学校旁。为发挥好这个爱水、节水、护水教育阵地，借"世界水日""中国水周""全国城市节约用水宣传周"的教育契机，我策划设计"讲好天津水故事""节水装置设计制作大比拼""探秘北大港水库""我做湿地保护形象大使"的系列活动，希望能激发学生爱水节水护水的强烈情感，知悉引江水流入津门、流进千家万户来之不易，我们既要节约使用，又不能忘记为此辛勤付出的劳动人民，更不能人为地浪费、污染和破坏，加深水与我们生活密切相关的价值体认：引江水来之不易，天津人惜之别怠。

（二）项目描述

项目围绕"设计制作一个节水装置"的工程任务展开，通过"讲好天津

水故事”“探秘北大港水库”“节水装置设计制作大比拼”“我做湿地保护形象大使”系列活动，让同学们从化学、生物、地理、工程等不同学科角度触碰与感知水，从而多维度地科学认知水，激发学生发自内心的爱水节水护水的强烈情感，加深水与我们生活密切相关的价值体验，倡导绿色生活，渗透可持续发展意识。

（三）驱动问题

为当地居民设计制作一个有实用价值的节水装置。

（四）其他关键要素确定

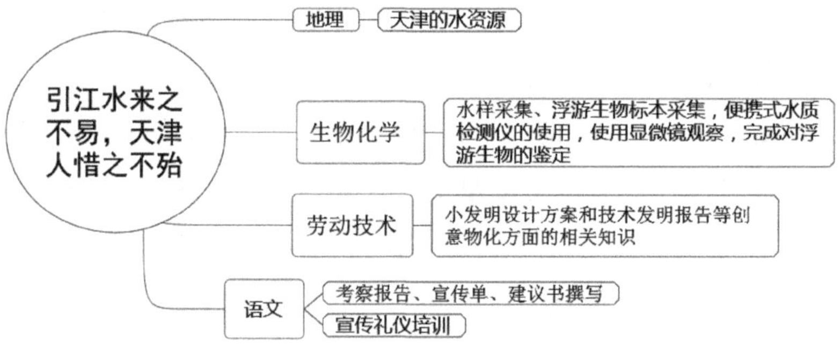

图 6-8-1 项目融合学科

1. 确定授课教师

授课教师以劳动技术学科教师、综合实践活动或科技活动辅导的教师为主，生物、化学学科教师及参与班主任为辅，聘请北大港水库管理处，节水办、水质监测站技术人员方面的专家为校外科技辅导员。

2. 确定项目实施对象

各学段学生都可以参加。在任务的进阶、成果呈现方式上应有所区别。笔者是在学校初二年级开展，完成全部实践活动。

3. 确定实践地点、项目开设方式、教具学具

实践地点：学校创客空间、多媒体教室；北大港水库及周边河道水域。

开设方式：采用项目教学法(PBL)组织项目。

教具：活动资源包、任务驱动学习单、相关书籍、课程评价表，小小发明设计方案申报表等。

学具：北大港湿地地图、摄影摄像设备；便携式水质检测仪，25 目的浮游生物网、玻璃瓶、烧杯、1.5%的碘液、福尔马林液、显微镜等。

4. 确定项目内容

表 6-8-1 劳动项目课程安排表

课程安排	具体内容
第一课时	任务建构：设计制作一个节水装置
第二课时 至 第三课时	文化与感知——讲好天津水故事 （任务驱动学习单 1） 1. 感知水资源 2. 感知天津水资源 3. 技能习得：思维导图的绘制 4. 表达交流：天津"水"故事讲述会
第四课时 至 第六课时	考察与探究——"探秘北大港水库" （任务驱动学习单 3） 1. 考察前 2. 考察中 3. 考察后 4. 技能习得：考察报告的书写 5. 表达交流：考察成果汇报会

续表

课程安排	具体内容
第七课时 至 第八课时	设计与制作——“节水装置设计制作大比拼” (任务驱动学习单 2) 1. 设计前 2. 设计中 3. 制作 4. 技能习得: 小发明设计方案和技术发明报告的书写 5. 表达交流:科普读物“读书分享会”, 水装置设计方案答辩会
第九课时 至 第十课时	表达与交流——“我做湿地保护形象大使” (任务驱动学习单 4) 表达与交流:考察报告、宣传单、倡议书,科技周期间深入广场、社区宣传 技能习得: 宣传单的设计制作和参加校外展示活动的礼仪 总结交流

(四)项目目标

1. 价值体认

学生亲历参与社会实践,加深水与我们生活密切相关的价值体验。

2. 责任担当

探究考察北大港湿地保护区,尤其是大港水库及周边水域沿岸的环境状况,建构起自然、社会和自我内在的联系,初步形成探究环境问题的意识,增强社会责任感。

3. 问题解决

像科学家一样思考。学会运用实地观察、访谈、实验等方法获取材料,会运用科学观察的方法来检测水质,评估河道周围居民生产生活对河流的影响,撰写一份考察报告。

4. 创意物化

像工程师一样工作。学生观察身边的节水设施，经历“明确问题——设计方案——制作模型——测试评价优化——表达交流”等过程，将一定的想法创意付诸实践，通过设计、制作或装配，制作出有一定实用价值的节水装置。

二、项目评价

(一)确定预期结果与呈现方式

可物化成果主要表现在：

1. 学生水资源思维导图、电子板报。

2. 学生北大港湿地考察报告。

3. 学生与水有关的小发明设计方案(实用新型专利)、实物模型和技术发明报告。

4. 学生设计制作的保护北大港湿地的宣传单和倡议书。

5. 四个会：“天津水故事”的讲述会，科普读物“读书分享会”，水装置设计方案答辩会，考察成果汇报会的活动记录、视频材料。

(二)确定合适的评估证据

参见文后附件五。

三、项目教学

(一)项目课程地图

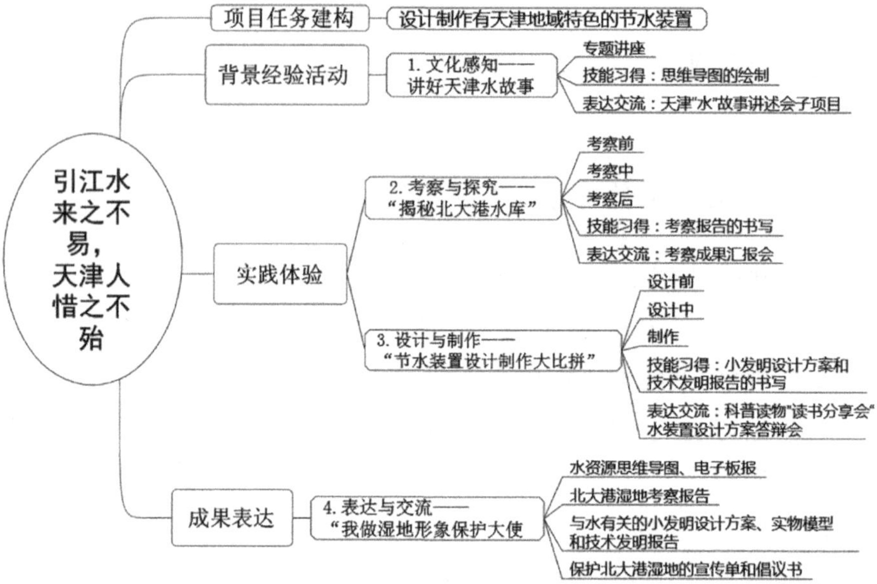

图 6-8-2　项目课程地图

(二)项目前期准备

1. 教师

(1)物质准备

收集资料,开发活动资源包及四个任务驱动学习单。

筹备所需要设备工具,编制经费预算。

确定调查地点,实地踩点。

进行可行性论证,确定整体活动方案。

(2)组织准备

成立核心项目组。

学情调查。利用问卷星,组织学生进行问卷调查。(见附件2)

聘请校外科技辅导员,取得北大港水库管理处,节水办、水质监测站技术人员的支持。

组织动员。

确定选题,成立研究小组,分派任务,明确责任,开展活动。

2. 学生

为了解现有初中学生对于水资源相关知识的储备,对大港水库、湿地的了解程度,激发学生爱水、节水意识,设计此次问卷。调查对象选取了大港第二中学七年级学生,时间确定为2020年5月13日11点至21点,通过问卷星调查。此次共回收151分问卷,全都由手机提交。问卷题目及问卷分析报告见附件。

3. 安全预案

表6-8-2　项目安全预案(示例)

可能出现的问题	解决预案
活动资源包及任务驱动单的开发	到地理教材、图书馆、知网查找资料;走访水利局等相关人员
考察地点选取、采样点和采用方法,所需设备工具,记录单的设计	聘请北大港水库管理处、节水办、水质监测站等领域的环境教育专家和技术人员为校外科技辅导员,探讨考察的相关内容、技术支撑及组织方式等
考察期间的组织管理,如出行安全、科学采样工作的有序开展	德育处分管研学工作人员对参与师生进行专项培训;学生分组,明确责任和分工;编写考察计划与实验工作指南,依照科学流程展开工作;注意保留第一手资料,采访他人时谦和礼让,爱护考察地的一草一木和设施,自觉保护环境;

续表

可能出现的问题	解决预案
采集水样,采集浮游生物样本	生物、化学老师行前预实验技能的培训 工作人员现场操作演示
节水创意设计的物化,创客工具的安全使用	学习创客空间使用管理制度,熟悉工具使用的注意事项。聘请区域科创名师担任创客导师,提供工具及技术支持
研究性报告的撰写,宣传单设计	综合实践课老师跟进指导

4. 重点、难点、创新点

重点:

了解天津水资源的现状,了解国家为实施南水北调工程,引江水沿河居民、水利部门等相关人员所付出的努力,知悉引江水的来之不易,培养天津人爱水的意识,激发节水护水的行动;学会用实地观察、访谈、实验等科学方法获取信息数据,学习考察报告的书写,学习创意物化(发明创造)的一般方法。

难点:

大港水库考察探究活动中的安全组织;活动成果的物化上,如方案设计、模型制作、考察报告撰写。

创新点:

(1)活动选题来自真实情境下的问题。天津水问题的解决凝聚着几代人的心血,关系到生活的方方面面,与每个人的生活密切相关。活动的开展有助于加深水与人们生活密切相关的价值体验,有助于引导学生走出教室,参与社会活动,使学生获得关于自我、社会、自然的真实体验,建立学习与生活的有机联系。

(2)跨学科问题解决。综合运用地理、生物、化学、技术、工程等学科知识分析问题,用科学方法开展研究,增强解决实际问题的能力。

(3)考察探究和设计制作相结合。

（三）项目实施

表 6-8-3　项目实施流程（示例）

活动阶段	活动内容	教师行为	学生行为
项目建构	1. 情境创设，确立工程任务。设计制作有天津地域特色的节水装置 2. 组织动员，确定整体活动方案。将活动的方案简化为课程地图，制作活动手册，发放到学生中去	物质准备 1. 收集资料，开发活动资源包及四个任务驱动学习单 2. 筹备所需要设备工具，编制经费预算 3. 确定调查地点，实地踩点 4. 进行可行性论证，确定整体活动方案 组织准备 1. 成立核心项目组 2. 学情调查。利用问卷星，组织学生进行问卷调查（见附件 2） 3. 聘请校外科技辅导员，取得北大港水库管理处，节水办、水质监测站技术人员的支持 4. 组织动员	1. 感知理解 2. 确定选题，成立研究小组，分派任务，明确责任，开展活动
背景经验	1. 文化感知——讲好天津水故事	1. 利用校本课程邀请专家为学生举办“天津水资源”的专题讲座，从不同角度介绍政府为解决天津缺水问题而采取的措施	
项目实施	2. 考察与探究——“探秘北大港水库” 3. 创意与物化——“节水装置设计制作大比拼”	2. 利用生物化学课堂，在公园水域和生化实验室，教师现场示范水样采集、浮游生物标本采集，示范便携式水质检测仪的使用，及使用显微镜观察，完成对浮游生物的鉴定 3. 利用劳动技术课程时间，在创客空间教室讲解小发明设计方案和技术发明报告等创意物化等方面的相关知识	1. 作品设计方案 2. 作品制作、测试和优化 3. 作品后期处理

续表

活动阶段	活动内容	教师行为	学生行为
成果表达	4. 表达与交流——“我做湿地保护形象大使” (该阶段具体操作参见任务驱动学习单1-4)	4. 利用综合实践活动课,教师进行选题、活动方式及结果呈现方式等方面的指导。如思维导图绘制、考察报告书写、宣传单的设计制作及活动礼仪等	1. 参与互动评价量规的产生 2. 小组分角色集中展示

案例八附件一:

第一环节:活动资源包(任务驱动学习单)

表 6-8-4　任务驱动学习单 1

感知水资源	1. 地球上水是丰富的,但为什么说水资源却是有限的?
	2. 你知道我国水资源的家底吗?
	3. 我国水资源在利用上存在哪些问题?
	4. 你知道世界水日,中国水周吗?
感知天津水资源	5. 天津是个海边的城市,为什么说天津又是个缺水的城市?
	6. 为什么天津人爱说我们是海河的儿女,现在怎么说有没有局性?
	7. 天津为解决缺水的难题,半个世纪以来采取的那些有力的措施?
	8. 为什么说南水北调是一件国之重器?
	9. 南水北调(引江水)给天津水资源带来的那些影响?
技能习得	教师重点讲授思维导图的绘制,鼓励学生用不同的形式呈现学习成果。如思维导图、漫画、情景剧等。
表达交流	天津“水”故事讲述会

第二环节：设计与制作——“节水装置设计制作大比拼”

表 6-8-5　任务驱动学习单 2

设计前	1. 你知道中国节水标志的含义吗？
	2. 你知道“全国城市节约用水宣传周”吗？
	3. 关于水污染，你了解哪些？
	4. 了解世界各地的水污染治理及节水政策？
	5. 奥斯本检核表法是一种什么方法？
	6. 创意物化的一般流程？
设计中	1. 观察、访问，了解需求，发现问题，明确问题
	2. 明确设计要求，设计方案，筛选方案
制作	1. 模型制作
	2. 依据设计原则展开测试、评估和优化
	3. 再次循环迭代
技能习得	教师讲授小发明设计方案和技术发明报告的书写
表达交流	科普读物“读书分享会”，水装置设计方案答辩会

第三环节:考察与探究——“探秘北大港水库”

表 6-8-6　任务驱动学习单 3

考察前	1. 你所了解到的大港水库和北大港湿地?
	2. 要考察大港水库的生态效益,应该从哪几个方面来考虑呢?
	3. 查阅资料,结合大港水库,说说衡量水库水质的指标有哪些? 主要检测工具有哪些?
	4. 考察探究方案的制定需要考虑那些要素?
考察中	考察水样水质监测和浮游植物 测试水样的水温、电导率、溶解氧、浊度和 PH 值 5 项指标,显微镜观察,统计藻类的种类和数目
	考察湿地水草(芦苇) 了解其特性和功用,评估芦苇在净化水的作用
	考察湿地生活的鸟类 鸟类的种类,生活习性等,选择观察点,观察,拍摄照片
	4. 考察湿地污染物排放和垃圾处理
考察后	1. 资料和数据汇总
	2. 考察报告
	3 需要进一步探究的问题
技能习得	教师讲授考察报告的书写
表达交流	考察成果汇报会

第四环节：表达与交流——“我做湿地保护形象大使”

表 6-8-7　任务驱动学习单 4

表达与交流	1. 向有关部门递交考察报告
	2. 设计一份易于居民理解的保护北大港湿地的宣传单
	3. 向全校师生发出爱水节水护水的倡议
	4. 活动周期间，配合相关部门在世纪广场、社区做宣传
技能习得	教师讲授宣传单的设计制作和参加校外展示活动的礼仪

延伸阅读：

1. 2020 年《世界水发展报告》

https://mp.weixin.qq.com/s/6U50TdxOnknjS8-W9wRmNA

2. 2020 年“世界水日”“中国水周”活动主题宣传画宣传口号来了！。

https://mp.weixin.qq.com/s/vHqfJfPpehaFemws4cIT7A

3. 津城“水事”|真正喝海河水长大的天津人，最小的快抱孙子了！

https://mp.weixin.qq.com/s/jkrPHJQkj083AHlNuRnQ1g

4. 什么是南水北调?

https://mp.weixin.qq.com/s/W8-7iz3uyUocOWS2l-w32A

5. 南水北调的水质安全吗？他们告诉你……

https://mp.weixin.qq.com/s/Kypp7hUSDp_mwo7vWlyN4w

6. 南水北调中国水周宣传片 https://mp.weixin.qq.com/s/rhcx-BqK4Zm9N4tQnXwMaJA

7. 南水北调调水入津 50 亿方，约等于 350 个西湖！

https://mp.weixin.qq.com/s/YhxtdViZHB53EZiyTZtqBA

8. 你知道“全国城市节约用水宣传周”吗?

https://mp.weixin.qq.com/s/Nk5AkLxGPCbo55JdGMvEUA

9. 世界各国科学用水和节水的经验

https://mp.weixin.qq.com/s/kEKjCHxZTPOiQlIMEzQ39g

10. 南水北调告诉你,什么叫「节水」

https://mp.weixin.qq.com/s/gc-o4X5YWWpduqkVM3QthA

11. 一老人发明节水装置 反渗透净水机尾水收集再利用

https://mp.weixin.qq.com/s/0LwhOfvvcL0TJBmEjDUUlA

12. 今秋,北大港水库区域引水 3 至 5 亿立方米

https://mp.weixin.qq.com/s/mqp-RHc9nhb6R2pAt8S6xA

13. 新建的水质实验室应配备这些仪器,送你一份清单!

https://mp.weixin.qq.com/s/aE7ucHGbspDr3yjgseeTWg

案例八附件二:大港水库与湿地认知问卷调查

(https://www.wjx.cn/m/76923665.aspx)

表 6-8-3 问卷星调查问卷

旨在了解学生现有对于水资源相关知识的储备,对大港水库、湿地的了解程度,树立同学们爱水、节水意识。同学们,请积极参与,认真对待如实填写!

1. 你了解世界水日或者中国水周吗? *

○A 非常了解

○B 基本了解

○C 不太了解

○D 从未听说

2. 你对身边水环境现状的整体感觉？ *

○A 非常干净

○B 比较干净

○C 有些污染

○D 污染严重

3. 你知道大港水库的位置在哪吗？ *

○A 非常熟悉

○B 大概知道

○C 记忆模糊

○D 从没听过

4. 你的生活质量与周边水环境的关系？ *

○A 非常密切

○B 比较密切

○C 关系一般

○D 没有关系

5. 你觉得大港水库有哪些作用？ *【多选题】

□A 农田灌溉

□B 蓄水防洪

□C 城市供水

□D 水产养殖

□E 旅游观光

6. 你觉得大港湿地有哪些作用？ *【多选题】

□A 调节径流

□B 改善水质

□C 调节局地气候

□D 保护生物多样性

□E 提供旅游资源

7. 你认为保护与开发大港水库与大港湿地有哪些效益？ ＊【多选题】

□A 保证居民用水健康与安全

□B 带动旅游等相关产业发展

□C 保证水库与湿地其他方面的正常运行

□D 实现生态保护与经济发展双赢

8. 你知道哪些政府为解决天津缺水问题所采取的措施＊【多选题】

□A 引滦入津

□B 引黄济津

□C 南水北调

9. 你认为大港水库发展现存哪些问题？ ＊【多选题】

□A 居民环保意识不够强

□B 政府支持、宣传力度不够

□C 生态资源开发不合理

□D 水污染严重

10. 你对发展水库有什么建议？ ＊【多选题】

□A 加强环保教育

□B 加大宣传力度

□C 政府出台政策

□D 生态保护与经济发展均衡发展

11. 作为当代中学生，你能为水库与湿地资源的保护，做出哪些贡献？

____

12. 作为当代中学生，你能为节水、爱水，做出哪些贡献？

____

案例八附件三：北大港湿地自然保护区科学考察计划及水样水质实验工作指南

一、活动目的

实地考察与检测，探究影响河流的主要因素，评估北大港水库的生态效益，为节水爱水护水宣传做贡献

二、活动对象

考察水样水质监测和浮游植物（具体见下页的工作指南）；

考察湿地水草（芦苇）：在查阅资料的基础上，对湿地水草展开调查，了解其特性和功用。评估芦苇在净化水的作用；考察湿地生活的鸟类：查阅资料，采访管理人员了解湿地鸟类的种类，生活习性等。在工作人员的带领下选择观察点，跟踪观察，拍摄照片；考察湿地污染物排放和垃圾处理：查阅资料，采访管理人员了解湿地周围污染物的排放，水面垃圾的处理，与工作人员乘船实地打捞水面垃圾。

三、活动安排

（一）集体参观

教师带领学生集体参观北大港水库管理处、水质监测站，了解现代化水质监测仪器及原理，了解污水净化的流程与原理。由技术人员给学生介绍大港水库水质监测指标的种类、检测原理、各指标的含义。在参观过程

中,教师也会即时向学生提出问题,学生也可以提出自己的问题,与专家进行交流。最后,学生通过参观及认真聆听专家的介绍和讲解,完成学习单内容。

(二)分组考察

依据考察对象将学生四组:水样水质监测和浮游植物调查组、水草(芦苇)调查组、湿地(鱼鸟)调查组以及湿地垃圾处理调查组。

四、考察注意事项

(1)集体乘车前往,统一行动,服从指挥。
(2)认真聆听专家的介绍和讲解。
(3)询问他人要为人谦和,不与人争斗。
(4)爱护考察地的一草一木和设施, 自觉地保护环境。
(5)注意保留第一手资料,如:照片、音视频等。

"水样水质监测和浮游植物"调查组工作指南

一、准备工作

1. 材料和用具

便携式水质检测仪,显微镜,载玻片,盖玻片,滴管,烧杯,25#浮游生物网,1.5%的碘液,福尔马林液

2. 查找资料解决以下问题

北大港水库的面积,有几个入河口？它们在什么地方？天然水体中的常见浮游植物有哪些？

3. 准备活动

在工作人员的帮助下,配制碘液试液,并学会使用显微镜。

二、探究过程

1. 站点确定

据大港水库不同水域水体的面积、形态特征、水生生物的生态分布等特点设置了 8 个有代表性的采样点。

2. 采样方法

(1)常规水质监测

具体做法:两人一组。从 8 个有代表性的采样点进行测试。将便携式水质检测仪伸到水面以下 0.5m 采集,直接读取参数,填写表格。

表 6-8-8　常规水质监测统计表

监测参数	1#水体	2#水体	3#水体	4#水体	5#水体	6#水体	7#水体	8#水体
水温(T)								
电导率								
溶解氧(DO)								
浊度								
PH 值								

(2)浮游植物定性样品的采集

具体做法:四人一组。从 8 个有代表性的采样点进行采集。伸到水面以下 0.5m 采集,通常采水 1000ml,采用 25#浮游生物网在水面中以"∞"字形路线捞取 10—15 分钟,将捞取到的藻类样品倒入干净的烧杯,将采集好的样本用 1000ml 的原水体的水稀释然后用 1.5%的 15ml 碘液固定。固定后再加少许福尔马林液。将固定好的1000ml的水样充分摇荡后，倒入浮游生物沉淀器内，带回学校放置静置24小时。

3. 浮游植物定性样品的鉴定

采用种群数量数据评价水体营养水平，同时根据藻类群落组成特征来评定水体的营养状态，多样性指数用来评价水质。

具体做法：在10×20倍的显微镜下对固定好的藻类进行观察，统计视野内藻类的种类和数目。对于藻类的种类一时间还无法搞清楚，所以需要把它画下来，以便查找资料进行鉴别。注意每个水体至少观察3个切片。

表6-8-9 浮游植物种群数量统计表

门　类	1#水体的数量	2#水体的数量	3#水体的数量	4#水体的数量	5#水体的数量	6#水体的数量	7#水体的数量	8#水体的数量
蓝藻门								
绿藻门								
隐藻门								
裸藻门								
金藻门								
甲藻门								

4. 分析

参照国内的营养水平标准，种群数量小于3×10^5个/L为贫营养型，大于3×10^5个/L为中营养型，大于10×10^5个/L为富营养型。

浮游植物多样性指数采用香农维纳指数(Shannon-Winner)来表示。香农多样性指数是生态学中的一个流行指标，该指数考虑了给定栖息地中物种的多样性(丰富度)及其相对丰度(均匀度)。群落多样性越高，物种越丰富、均匀度越高，则香农指数越高。香农多样性指数也被用来评价水质，该指数越高被认为是水质越好。

$$H' = -\sum_{i=1}^{S} Pi\ln Pi$$

H′为 Shannon-Wiener 多样性指数;S 为水样中种类总数;n 为水样中所有种类的总个体数;p_i 为水样中第 i 个物种的个体数与总个体数的比值。$p_i = n_i / n$。

4. 根据对水体中浮游植物的观察,我的分析结论是什么?探究是什么原因造成了这样的结果?思考我们应该做些什么?

本指南参考以下文献:

[1]毛亚宁,黄佳欣,王庆泉等.天津北大港湿地浮游植物调查[J].河北渔业,2019(01):31-35+57.

[2]城市化建设对鲁能巴蜀中学校园周边冬季鸟类群落多样性影响初探[J].重庆生态环境,2021-03-27.

案例八附件四:小发明设计方案申报表

表 6-8-10　小发明设计方案申报表

姓名		班级		发明日期	
项目名称					
发明目的	你的发明希望达到什么目的?你想解决日常生活中什么问题?要写清楚为谁而发明的,尽可能地把这种东西在使用起来不方便的状况描述清楚				

调查目前别人已经做过什么	调查一下你要设计的产品,目前别人已经制作了什么类似的产品?要求查新,最简单的方式是去一些网站如淘宝搜索一下,看有没有相似或相近的产品?
创意设想方案	本实用新型所要解决的技术问题是旨在设计一种适合于(谁)_____使用的______。它是由(1)___,(2)___,(3)___,……组成。叙述各组成部分是怎样工作的。(要求画出草图)

案例八附件五:劳动课程项目评价量规表

表 6-8-11 劳动课程项目评价量规表

学生姓名______________ 班级________

项目名称______________.

评价内容		自评	小组意见	教师评
文化与感知	活动主题的了解情况(5)	满分:15 得分:	满分:15 得分:	满分:15 得分:
	学习成果呈现情况 (思维导图、美篇等)(5)			
	主题故事的讲述会(5)			

续表

评　价　内　容		自　评	小组意见	教师评
设计与制作	需求对象(为谁设计?)及其他背景知识了解情况(5)	满分:30 得分:	满分:30 得分:	满分:30 得分:
	方案设计过程(5)			
	模型制作过程(5)			
	小发明设计报告的书写(5)			
	创意物化答辩会(10)			
考察与探究	考察对象的了解情况(5)	满分:40 得分:	满分:40 得分:	满分:40 得分:
	科学方法、工具的应用情况(5)			
	实地的考察(10)			
	资料数据汇总(5)			
	考察报告撰写(5)			
	考察成果汇报会(10)			
表达与交流	积极准备好活动用具及相关材料(实物、ppt 等)(5)	满分:15 得分:	满分:15 得分:	满分:15 得分:
	按时参加活动,不无故迟到、缺席(5)			
	活动时认真倾听,对别人的表现能客观公正地评价(5)			
小计得分		S1 =	S2 =	S3 =

总评:____________________　　S = R1 * S1+R2 * S2+R3 * S3

说明:S(score)代表总评分,S1 代表自评得分,S2 代表小组互评得分,S3 代表教师评价得分,R(ration)代表比例,R1 代表自评在总评中所占比例,R2 代表小组互评在总评中所占比例,R3 代表教师评价在总评中所占比例,该比例的确定不唯一,使用者可根据情况赋值一个恰当的比例。

案例九：让花卉会说话，让花卉教育人

一、项目目标

（一）项目背景

《劳动课标》指出，生产劳动让学生在工农业生产过程中直接经历物质财富的创造过程，体验从简单劳动向复杂劳动、创造性劳动的发展过程，淬炼生产劳动技能，体会物质产品的来之不易，认识劳动与自然界的基本关系。

农业生产劳动是生产劳动四个任务群之一。利用劳动周时间，让学生走进园艺花卉种植基地，亲历完整的劳动实践，感受持续性劳动的艰辛和不易，懂得珍惜劳动成果，养成持之以恒的劳动品质，形成热爱自然、热爱土地的情感态度。

花卉栽培是天津市九年义务教育劳动与技术教材编写组编写的《劳动与技术》的一个项目。本项目旨在向学生传播种花、识花、赏花、用花的一些科学知识，学习花卉栽培的常用方法，培养动手能力，加强劳动观念，培养对大自然的观察能力，激发创造性思维。

（二）项目描述

花卉，可以净化空气，美化环境，陶冶情操。项目由此问题引入确立任务：让花卉会说话，让花卉教育人。在任务建构阶段中，教师引导学生从花卉的生命周期出发，头脑风暴我能为花卉做些什么？进而提炼出四大分支任务：设计制作任务群、考察探究任务群、社会服务任务群和职业体验任务群。在此基础上成立小组，展开研究。在背景经验阶段中我们安排“走进园艺世界”专题讲座。在实践体验阶段，学生分组开展倒盆换土、厨余垃圾堆肥、播种一串红、水培吊兰、插花艺术等五项劳动技能竞赛和一项智能控制技术在花卉种植领域的应用。园艺工匠师傅和创客老师跟进指导；在成果表达阶段中，我们设计了爱在敬老院活动、花匠精神大家谈活动，开好总结交流汇报会。

（三）驱动问题

花木为我们带来美妙体验，那么我们能为花木做些什么？

（四）其他关键要素确定

1. 确定授课教师

授课教师以基地师傅为主，本校劳动课程教师、综合实践活动教师、参与班主任为辅。

2. 确定项目实施对象

各学段学生都可以参加。在任务的进阶、成果呈现方式上应有所区别。笔者是在学校初一年级开展，利用劳动周分批次进行，完成全部实践活动。

3. 确定实践地点、项目开设方式、教具学具

（1）实践地点：园艺花卉种植基地、基地功能教室（创客空间或电脑机房）。

（2）开设方式：采用项目教学法（PBL）组织项目。

（3）教具学具：拍照识花 App，课件。

基本学具：花盆：泥瓦盆、瓷釉盆、塑料盆、木桶。

栽培工具:花锄、移植镘、枝剪、剪刀、喷壶、喷雾器、手套、水桶。

培养土;腐叶土、田园土、河沙、珍珠岩、蛭石、陶粒等。

肥料:有机肥(农家肥)、无机肥(化肥)、垃圾堆肥。

特别学具:插花艺术:花艺图片、主花、补花、花瓶、花泥。

水培吊兰:盆栽吊兰、玻璃容器(矿泉水瓶)、定植篮、营养液

自动浇花套装:Romeo,土壤湿度传感器,空气温湿度传感器,LCD液晶显示屏,7.4V电源,水泵,Mixly图形化编程软件。

4.确定项目内容

表6-9-1 劳动项目课程安排表

项目阶段	具体内容	时间安排
项目启动	任务建构:让花卉会说话,让花卉教育人。引导学生头脑风暴,从花卉生命周期出发,确定我们为花卉做些什么? 1.参观园艺花卉种植基地,与花匠师傅面对面交流。 2.讲座:走进园艺世界 (花木诗句、花语育人,花卉种类,花卉的习性,花卉日常管理) 3.小课题立项:为什么小区木本植物居多?常见室内花卉的养护要点?土壤是如何影响花卉的生长?	第一天上午
项目实践	为基地植物制作花卉身份证:分组调查花木种类——填写表格、拍照——设计制作文案——小组审阅——二维码制作 补充一般技能:1.拍照识花App使用 2.二维码制作	第一天下午
	园艺职业实践体验:参观花卉市场——走进园艺车间——五项劳动实践——总结交流	第二天上午
	五项劳动技能竞赛:1.倒盆换土 2.厨余垃圾堆肥 3.水培吊兰 4.播种一串红 5.插花作品	第二天下午
	基地创客工坊实践: 开源硬件下的创意电子设计 制作自动浇花器:工具准备——硬件插接——代码编写——运行调试	第三天

续表

项目阶段	具体内容	时间安排
项目展示	爱在敬老院:为老人们讲解园艺世界 现场为老人制作插画作品并赠送	第四天上午
	劳动产品展,小课题研究汇报 花匠精神大家谈	第四天下午
	整理拍摄、文案、感受(文字或视频) 美篇制作——二维码 美篇展播(各小组展播)	第五天上午
	总结交流汇报表彰	第五天下午

(五)项目目标

1. 价值体认

亲历花卉园艺系列实践活动,感受花卉在净化空气、美化环境、愉悦心情、陶冶情操等方面所起到的独特作用,感知农业园林劳动的乐趣,形成正确的劳动观念和态度,近距离接触园林工匠,感知他们精益求精、追求卓越的工匠精神。

2. 责任担当

参加"爱在敬老院"活动,强化同理心,在了解老人真实需求的基础上实施服务,增强社会责任感,形成主动服务他人、服务社会的情怀,提高服务社会的能力。

3. 问题解决

参观园林花卉种植基地,在园林工匠的指导下,参与倒盆换土、厨余垃圾堆肥、水培吊兰、. 播种一串红、插花艺术五项劳动实践活动,能够正确使用园林工具,在实践中积极思考,勇于实践,能够不断修正自己的想法,改善行动,形成基本完成一定任务所需要的设计能力、操作能力和团队合作能力。

4. 创意物化

参与基地花卉调查和花卉身份证制作活动,参与开源硬件下的电子创意设计活动,会自己设计并制作出有一定实用价值的作品,提高创意设计、技术运用和物化能力。

二、项目评价

(一)确定预期结果与呈现方式

预期结果为设计制作(M)、考察探究(R)、社会服务(S)和职业体验(E)。最终呈现方式为花卉实物作品、插花艺术作品、劳动实践报告、小课题研究报告、美篇。

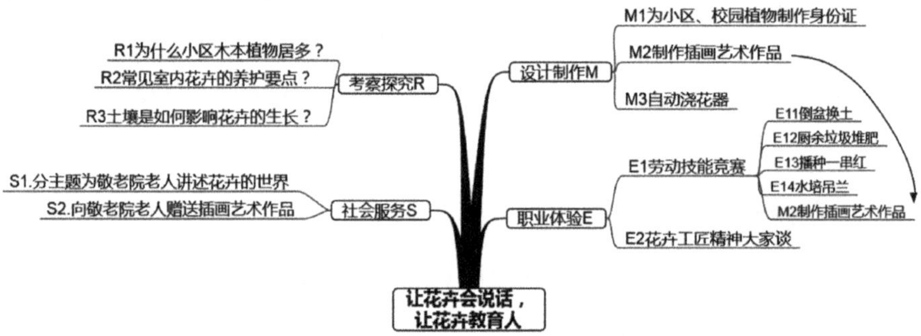

图 6-9-1　项目活动方式

(二)确定合适的评估证据

项目以完成核心任务"劳动技能竞赛"劳动实践活动中的五个任务为物化驱动,以表现性评价为主。学生分为初始组和专家组。在专家组的分组实践中,五位专家各评选出一位为完成某项任务的劳动小能手;在初始组的分组实践中,综合个人、小组及花卉工匠师傅的意见的基础上合计评出最佳表现组。每一项任务的评价量规见附件:五项劳动技能竞赛评价量规。

三、项目教学

(一)项目课程地图

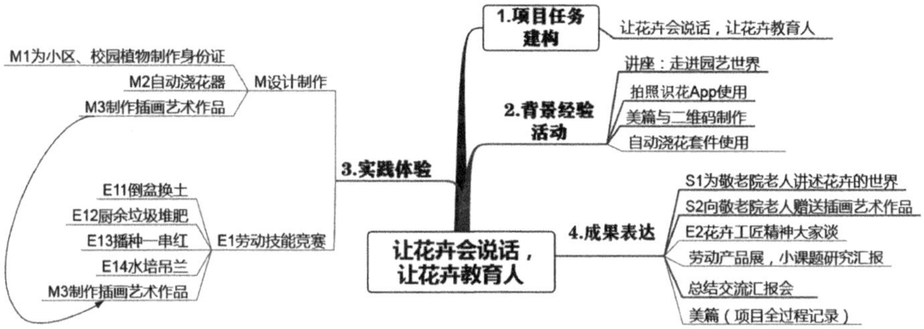

图 6-9-2　项目课程地图

(二)项目前期准备

1. 教师

教师联系花卉种植基地、敬老院,编制活动方案,争取家长、学校和基地的支持,编制安全预案。

通过园艺专家讲座“走进园艺世界”开启项目,通过组织学生参观花卉种植基地、开展劳动技能大比拼(竞赛),爱在敬老院活动。

2. 学生

在教师的指导下,根据“组间同质、组内异质”的原则分组,依据 5 项劳动实践活动成立五组学生专家小组,在园艺工匠的指导下展开实践,每小组合作完成一份较为完整的劳动实践报告。

本选题的专家小组拟定为：

(1)“倒盆换土”专家小组：研究花卉的日常管理，重点开展“花卉倒盆换土”的劳动实践活动，形成一份有关“倒盆换土”的较为完整的劳动实践报告。

(2)“厨余垃圾堆肥”专家小组：研究花卉的日常管理，重点开展“厨余垃圾堆肥”的劳动实践活动。形成一份有关“施肥”的较为完整的劳动实践报告。

(3)“播种一串红”专家小组：研究花卉的繁殖，了解扦插育苗、压条育苗、播种育苗的方法，重点开展“播种一串红”的劳动实践活动。形成一份有关“播种育苗”的较为完整的劳动实践报告。

(4)“水培吊兰”专家小组：研究花卉的无土栽培，重点开展“水培吊兰”的劳动实践活动。形成一份有关“花卉水培”的较为完整的劳动实践报告。

(5)“插花艺术”专家小组。研究花卉工艺，重点开展“插花”的劳动实践活动。形成一份有关“插花”的较为完整的劳动实践报告。

在专家组分项目实践的基础上，在综合个人、小组及花卉工匠师傅的意见的基础上，推选出本项目最佳劳动实践小能手。

之后，专家组解散，各位专家组组员回到初始组，按照劳动实践报告培训本组其他组员。然后组内随机抽签决定参加竞赛组员，五个项目进行完毕，决出劳动五项技能竞赛优胜组。

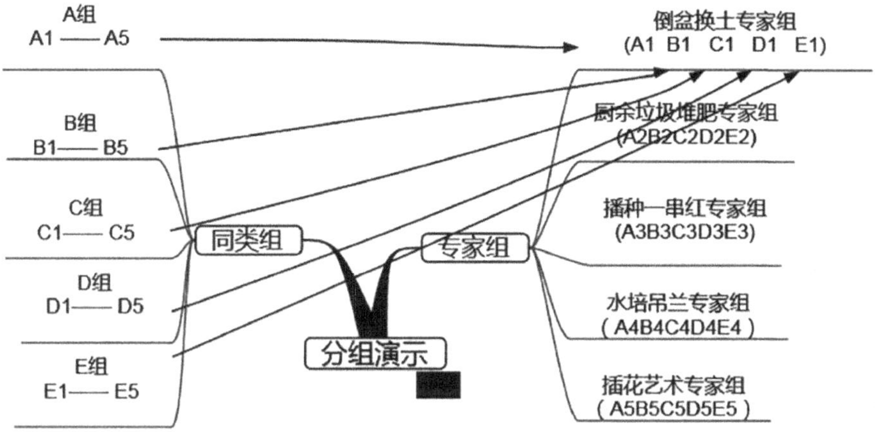

图 6-9-3　小组活动方式路演示意图

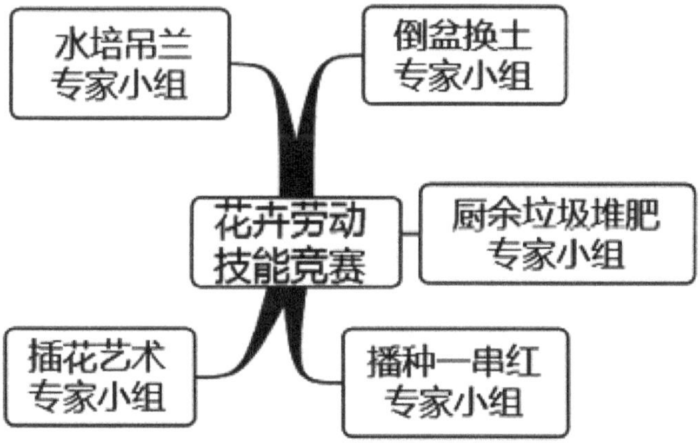

图 6-9-4　花卉劳动技能竞赛专家小组分组示意图

3. 安全预案

表 6-9-2　项目安全预案(示例)

可能出现的问题	解决预案
1. 方案制定:与花卉种植基地和社区养老院在需求、人员配备、接待、主要体验内容等方面出现偏差	学校相关方面负责人出面联系沟通
2. 安全问题:学生集体乘车到园艺种植基地,存在安全隐患; 安全使用工具	安全乘车告知书,购买保险。 强调工具的安全使用,在使用工具时尽量征得园艺工人和指导教师的意见
3. 组织问题:小组成员间分工不明确,出现组员游离于小组之外的情况	提前组织学生进行小组活动方式路演,填写项目任务书,人手一册,任务到组,到人
4. 知识问题:学生对开源硬件下的创意电子设计所需要的知识和能力欠缺	建议根据项目选定套材,开展硬件讲解和软件使用培训
5. 方法问题:制作美篇、录制视频出现技术问题	教师录制微课,使用线上资源。
6. 其他问题:项目维持问题、激发学生参与积极性问题	通过班级微信群,制作美篇及时报道本项目进展情况,和学生各组的表现

4. 项目重、难点及创新点

(1)重点

花卉种植基地里的五项劳动实践

(2)难点

社会服务类、职业体验类实践活动中方案的制定、组织和协调

(3)创新点

基于真实的生活情境,选取五项劳动实践,体验花匠工人一日的辛勤劳作。在近距离接触花匠工人的过程中,交流思想,沟通感情,体验花匠精神。

(三)项目实施

表 6-9-3　劳动项目课程安排表

活动阶段	活动内容	教师行为	学生行为
项目建构	1. 情境创设,确立任务。让花卉会说话,让花卉教育人 2. 任务分解,编制课程地图 项目准备——驱动性任务——项目评估——课程地图 3. 确定整体活动方案	1. 联系园艺专家开展"走进园艺世界"讲座 2. 由驱动性问题"我们能为花卉做些什么",头脑风暴,绘制项目课程地图	1. 与老师、同伴互动,同理心出发,认识到学习识花、赏花知识,习得种花、养花的技能,是一个五育融合实践的好项目 2. 学会使用思维导图软件绘制项目思维导图
背景经验	1. 拍照识花 App 使用 2. 二维码制作 3. 插花艺术 4. 自动浇花器 传感器,Mixly 软件 5. 美篇制作技术	1. 辅助一般技能的培训 2. 资源袋准备(种花工具、花土、花肥、自动浇花器套装) 3. 跟进解决学生的其他问题	1. 熟练掌握一般性技能 2. 开展基地种植花卉植物种类、习性的调查,制作花卉身份证,在教师的指导下,小组给花卉挂牌
实践体验	花卉种植园劳动实践 1. 倒盆换土 2. 厨余垃圾堆 3. 水培吊兰 4. 播种一串红 5. 插花艺术	1. 园艺师傅现场指导 2. 学生分成五个专业组进行实践 3. 观察小组成员的表现,提供即时性的鼓励和评价 4. 教师、学生和园艺师傅打分量化,评出劳动技能竞赛最佳小组、最佳组员 5. 影像资料的留存	1. 在园艺师傅指导下分组进行实践 2. 专业组及时总结每步的注意点,形成某一项目实践报告 3. 专业组解散,组员回到初始组利用项目实践报告对小组其他成员进行实践指导
	创客工坊实践: 1. 自动浇花器的制作	讲解开源硬件下的电子设计	按照套件说明书进行制作

续表

活动阶段	活动内容	教师行为	学生行为
成果表达	1. 为敬老院老人讲述花卉的世界 2. 向敬老院老人赠送插画艺术作品 3. 座谈会:花卉工匠精神大家谈 4. 劳动产品展,小课题研究汇报 5. 总结交流汇报会 6. 美篇(项目全过程记录)	1. 组织学生深入敬老院开展活动 2. 邀请部分家长、校长、园艺师傅参与座谈会 3. 组织部分家长、校长、园艺师傅参与评价 4. 播放教师制作的美篇	1. 部分学生参与敬老院现场活动 2. 参与座谈会的筹备、服务、发言 3. 根据评价量规开展评价 4. 美篇(终结篇)

案例九附件:五项劳动技能竞赛评价量规

表 6-9-4　倒盆换土劳动实践评价量规

用途选择:在合适的(　)处打√。(　)专家组培训使用　　培训学生姓名
(　)初始组参赛使用　　参赛学生姓名

操作流程	评价内容(注意要点)	自评	组评	花匠工人评
排水孔处理	要求瓦片凹面朝下	☆ ☆☆ ☆☆☆	☆ ☆☆ ☆☆☆	☆ ☆☆ ☆☆☆
构建排水层	先加入粗粒土壤再填入培养土	☆ ☆☆ ☆☆☆	☆ ☆☆ ☆☆☆	☆ ☆☆ ☆☆☆
疏松盆土	尽可能沿着盆边松土,或者沿花盆四周拍打	☆ ☆☆ ☆☆☆	☆ ☆☆ ☆☆☆	☆ ☆☆ ☆☆☆
扣盆、取苗	一手轻握花苗根部向下提起,一手扣盆向上提起	☆ ☆☆ ☆☆☆	☆ ☆☆ ☆☆☆	☆ ☆☆ ☆☆☆

续表

操作流程	评价内容（注意要点）	自评	组评	花匠工人评
铲除旧土和一部分老根	注意伤到新根	☆ ☆☆ ☆☆☆	☆ ☆☆ ☆☆☆	☆ ☆☆ ☆☆☆
定植在新盆中，填土，敦实	苗放中央，四周培土，双手提盆边平敦三四下，将盆土敦实	☆ ☆☆ ☆☆☆	☆ ☆☆ ☆☆☆	☆ ☆☆ ☆☆☆
把水浇透，放置阴处	浇水要浇透，使水从盆底的小孔流出为止	☆ ☆☆ ☆☆☆	☆ ☆☆ ☆☆☆	☆ ☆☆ ☆☆☆
总体评价	积极参与实践；工具使用规范；各环节科学合理，符合质量要求；劳动场地清洁卫生；实践活动有创新；愿意分享劳动体会			

表 6-9-5　厨余垃圾堆肥劳动实践评价量规

用途选择：在合适的（　）处打√。（　）专家组培训使用　　培训学生姓名
（　）初始组参赛使用　　参赛学生姓名

操作流程	评价内容（注意要点）	自评	组评	花匠工人评
枯树叶铺底	积极参与实践； 工具使用规范； 各环节科学合理，符合质量要求； 劳动场地清洁卫生； 实践活动有创新； 愿意分享劳动体会	☆ ☆☆ ☆☆☆	☆ ☆☆ ☆☆☆	☆ ☆☆ ☆☆☆
铺一层土				
铺一层厨余				
铺一层土				
铺完后浇水				
用塑料膜蒙严密封，放置到日光下爆晒，发酵				

续表

操作流程	评价内容 (注意要点)	自评	组评	花匠 工人评
总体评价		☆ ☆☆ ☆☆☆	☆ ☆☆ ☆☆☆	☆ ☆☆ ☆☆☆

表 6-9-6 播种一串红劳动实践评价量规

用途选择:在合适的( )处打√。( )专家组培训使用　　培训学生姓名
( )初始组参赛使用　　参赛学生姓名

操作流程	评价内容 (注意要点)	自评	组评	花匠 工人评
垫瓦片	要求瓦片凹面朝下	☆ ☆☆ ☆☆☆	☆ ☆☆ ☆☆☆	☆ ☆☆ ☆☆☆
填播种土	先加入粗粒土壤再填播种土入,把土铺平	☆ ☆☆ ☆☆☆	☆ ☆☆ ☆☆☆	☆ ☆☆ ☆☆☆
播种	在种子整齐码放在播种土上面	☆ ☆☆ ☆☆☆	☆ ☆☆ ☆☆☆	☆ ☆☆ ☆☆☆
覆土	在种子的上面盖一层薄薄的土,厚度在外面看有一个个小鼓包,但是不露出种子为宜	☆ ☆☆ ☆☆☆	☆ ☆☆ ☆☆☆	☆ ☆☆ ☆☆☆
浇水	用喷壶浇水,直到盆底渗出为止	☆ ☆☆ ☆☆☆	☆ ☆☆ ☆☆☆	☆ ☆☆ ☆☆☆
用塑料薄膜盖严	密封,保温保湿	☆ ☆☆ ☆☆☆	☆ ☆☆ ☆☆☆	☆ ☆☆ ☆☆☆
出苗	放置到阴凉处,7—10 天后打开薄膜,出苗	☆ ☆☆ ☆☆☆	☆ ☆☆ ☆☆☆	☆ ☆☆ ☆☆☆

续表

操作流程	评价内容 （注意要点）	自评	组评	花匠 工人评
总体评价	积极参与实践；工具使用规范；各环节科学合理，符合质量要求；劳动场地清洁卫生；实践活动有创新；愿意分享劳动体会	☆ ☆☆ ☆☆☆	☆ ☆☆ ☆☆☆	☆ ☆☆ ☆☆☆

表 6-9-7　水培吊兰劳动实践评价量规

用途选择：在合适的（　）处打√。（　）专家组培训使用　　培训学生姓名
（　）初始组参赛使用　　参赛学生姓名

操作流程	评价内容 （注意要点）	自评	组评	花匠 工人评
取苗	**脱盆**：桌子铺上硬纸板或尼龙袋，保持桌面和地面的卫生 **清洗**：洗净根部和叶片灰尘，边洗边捋顺，把每个角落都冲洗干净 **修剪**：剪掉烂根老根，从基部一厘米处修建，防止留茬过高影响水培效果。注意剪刀安全使用。	☆ ☆☆ ☆☆☆	☆ ☆☆ ☆☆☆	☆ ☆☆ ☆☆☆
定植	**单层水瓶定植法**：将植株直接放到水瓶里，浇水时应该露出根茎部分 **双层水瓶定植法**：理顺植株根部，用保鲜膜包裹根部，从定植篮小孔穿过，去掉保鲜膜，在定植篮里加陶粒以固定植株，加水浸没根系的 1/3 到 1/2	☆ ☆☆ ☆☆☆	☆ ☆☆ ☆☆☆	☆ ☆☆ ☆☆☆
养护	放置于通风半阴的地方 换水，定期添加营养液 问题：叶片发黄、烂根	☆ ☆☆ ☆☆☆	☆ ☆☆ ☆☆☆	☆ ☆☆ ☆☆☆
总体评价	积极参与实践；工具使用规范；各环节科学合理，符合质量要求；劳动场地清洁卫生；实践活动有创新；愿意分享劳动体会			

表 6-9-8 制作插花艺术作品劳动实践评价量规

用途选择:在合适的( )处打√。( )专家组培训使用 培训学生姓名

( )初始组参赛使用 参赛学生姓名

操作流程	评价内容 (注意要点)	自评	组评	花匠 工人评
选择花材	根据花材的寓意、插花的需求、造型设计选择合适的花材	☆ ☆☆ ☆☆☆	☆ ☆☆ ☆☆☆	☆ ☆☆ ☆☆☆
选择花器 固定花泥	根据需求选择合适的花器、花泥 花泥使用前先浸泡,可以根据花器进行适当的切割	☆ ☆☆ ☆☆☆	☆ ☆☆ ☆☆☆	☆ ☆☆ ☆☆☆
修建花枝 设计花型	插花时根据左右对称,高低配合,主次分明的原则,设计造型,修建花枝	☆ ☆☆ ☆☆☆	☆ ☆☆ ☆☆☆	☆ ☆☆ ☆☆☆
总体评价	根据花料和花器以及需要进行设计创作,选择合适的花材、工具;积极参与实践,工具使用规范,花瓶装扮新颖、构图合理、具有独创性,色彩搭配具有协调性、有美感,枝叶、花朵拼插完整;劳动场地清洁卫生;实践活动有创新;愿意分享劳动体会	☆ ☆☆ ☆☆☆	☆ ☆☆ ☆☆☆	☆ ☆☆ ☆☆☆

案例十：电子创意设计——让灯光更懂你

一、项目目标

（一）项目背景

《劳动课标》指出，生产劳动让学生在工农业生产过程中直接经历物质财富的创造过程，感受劳动创造价值，体验劳动给人带来的职业幸福感，提高劳动素养。

工业生产劳动是生产劳动四个任务群之一，电子项目是工业生产劳动推荐项目之一。在学校的劳动实践教室，让学生经历明确问题——设计方案——制作模型——组装测试优化的设计生产的一般过程，理解工业生产劳动对人类生活、生产的重要影响。

电子技术是天津市九年义务教育劳动与技术教材编写组编写的《劳动与技术》（八年级全一册，天津教育出版社）的一个项目。本项目旨在向学生普及电的基础知识，认识常用的电子元件，制作简单实用的几个电子作品。本项目在此教材的基础上，聚焦与我们密切相关的灯作为切入点，整合开展与灯相关的电工、灯光师、交警三种职业劳动实践活动，让学生经历真实的岗位工作过程，获得真切的职业体验，培养职业兴趣。

（二）项目描述

灯，在我们生活中具有举足轻重的作用。千姿百态的灯，除了满足人们的基本的照明功能之外，还延伸出指示、警示、装饰等丰富人机交互的作用。项目由此引入确立任务：让灯更懂你。在任务建构阶段中，教师引导学生从灯实现人机交互的功能出发，头脑风暴灯可以在那些场景下更好地满足人们“对美好生活的向往”，从而实现让“灯服务你——让灯指导你——让灯更懂你”的终极目标。进而提炼出四大分支任务：设计制作任务群、考察探究任务群、社会服务任务群和职业体验任务群。在此基础上，成立小组，展开研究。在背景经验阶段中我们安排电工、灯光师、交警、教师主讲的四场专题讲座。在实践体验阶段，学生分组展开与三种职业相关的劳动实践活动。“让灯服务你”：电工的劳动实践活动；“让灯指导你”：交警的劳动实践活动；“让灯更懂你”：灯光师的劳动实践活动。在成果表达阶段中，我们设计了劳动成果展：千姿百态的灯，考察报告发布会，总结交流汇报会，期待达到让灯更懂你，提升学生劳动素养的育人目的。

（三）驱动问题

让灯服务你——让灯指导你——让灯更懂你

（四）其他关键要素确定

1. 确定授课教师

授课教师以本校劳动课程教师为主，聘请的电工师傅、灯光师傅、交警叔叔为辅。

2. 确定项目实施对象

各学段学生都可以参加。在任务的进阶、成果呈现方式上应有所区别。笔者是在学校初一年级开展，完成全部实践活动。

3. 确定实践地点、项目开设方式、教具学具

（1）实践地点：劳动实践教室，会议室，社区广场，过街人行道

（2）开设方式：采用项目教学法（PBL）组织项目

(3)教具学具;

灯光师的实践活动:

布光法:摄像机(手机),三脚支架,补光灯,补光板,柔光纸。

创意灯:电脑、Mixly 图形化编程软件,或者 Mind+等,SIoT 软件。

开源硬件:Arduino UNO 开发板及扩展板(micro:bit 板、掌控板、光环板等),LED 灯、角度传感器,按钮、声音传感器,环境光线传感器,杜邦线,OBLOQ 模块。

电工师傅的实践活动:电工工具。

交通警察的实践活动:多功能反光腰带、反光背心、发光指挥棒、警用文书包、对讲机等。

4. 确定项目内容

表 6-10-1 劳动项目课程安排表

项目阶段	具体内容	时间安排
项目启动	任务建构:让灯更懂你。 劳动模范进校园: 1. 电工师傅做主题为“三月三电工节与电的应用”讲座 2. 灯光师师傅做主题为“灯光的设计与调控”讲座; 3. 交通警察叔叔做主题为“过街信号灯的使用”讲座	第一周 至 第二周 (两节可连排)

续表

项目阶段	具体内容	时间安排
项目实践	电工劳动实践:让灯服务你 1. 调查居民楼道灯的使用 2. 维修居民楼道灯 3. 向居民宣传"安全用电,珍视生命"知识	第三周 至 第四周
	交警劳动实践:让灯指导你 1. 过街信号灯的使用 2. 过街信号灯的使用调查 3. 过街信号灯的使用海报的设计和发放	第五周 至 第六周
	灯光师劳动实践:让灯更懂你 1. 利用三点布光法,使用一盏灯具拍摄不同光位的人物照,体验同一物体呈现给观众不同的视觉效果 2. 创意电子灯实践:(设计思维 5 步骤) 指示灯、体验灯、控制灯、物联网灯	第七周 至 第八周
项目展示	考察报告发布:过街信号灯的使用调查报告和居民灯具使用调查报告	第九周
	劳动产品展:千姿百态的灯	第十周
	总结交流汇报表彰 美篇发布(项目全过程)	

(五)项目目标

1. 价值体认

亲历制作指示灯、体验灯及维修楼道灯系列实践活动,感受灯在照明、指示、装饰、丰富人机交互等方面所起到的独特作用,感知工业电子劳动所带来的乐趣,培养学生正确劳动价值观和良好劳动品质。

2. 责任担当

通过面对面接触电工、灯光师、交通警察三个领域的劳动模范和优秀代表,感受并领悟他们勤勉敬业的劳动精神,争做新时代的奋斗者。

3. 问题解决

到社区、十字路口，实地调查楼道灯的使用情况和过街信号灯的使用，参与三月三电工节的宣传活动，参与交通海报的设计发放宣传活动，在与人、与物交互中习得交往、沟通、协调的能力，提高分析和解决问题的能力。

4. 创意物化

理解和运用设计思维的五个步骤即“同理心——需求定义——创意构思——原型实现——实际测试”，设计并制作出有一定实用价值的灯光作品，提高创意设计、电子技术运用和物化能力。

二、项目评价

（一）确定预期结果与呈现方式

预期结果为设计制作（M）、考察探究（R）、社会服务（S）和职业体验（E）。最终呈现方式为劳动成果展：千姿百态的灯，海报，考察报告及美篇。

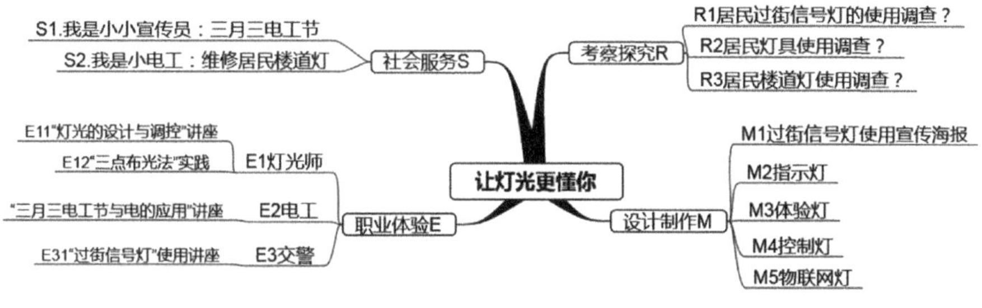

图 6-10-1　项目活动方式

（二）确定合适的评估证据

项目以完成三种职业的劳动实践活动为驱动，以表现性评价为主。可以参照本书第五章第四节课程项目的评价中的评价标准进行评价。

三、项目教学

（一）项目课程地图

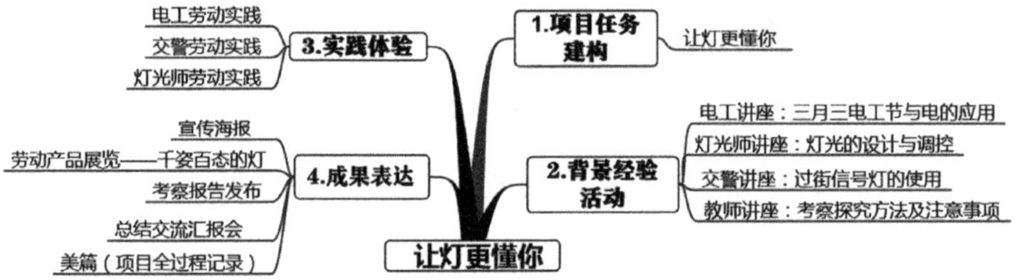

图 6-10-2 项目课程地图

（二）项目前期准备

1. 教师

教师联系劳动模范，邀请他们进校园开展讲座，和他们交流筛选三种职业劳动实践活动，准备相应的实践材料，编制活动方案，争取家长、学校和社区单位的支持，编制安全预案。在此基础上，形成课程项目地图。

2. 学生

由于项目涉及三种职业劳动实践活动，教师可根据实际情况，将学生分成三组，每组完成一种职业的劳动实践活动，之后分享交流；也可以就一种职业将学生分成几组完成该职业的实践活动，如此进行三次，完成全部活动。前者的优点在于所用时间较短，直接经验和间接经验相结合，完成对三种职业的体验；后者的优点在于所有学生都直接体验了三种职业的劳动实践活动，印象深刻，但所用时间较长。

3. 安全预案

表 6-10-2　项目安全预案(示例)

可能出现的问题	解决预案
1. 方案制定：与三位劳动模范就三种职业劳动实践活动在需求、设备配备、接待、主要体验内容等方面出现偏差	学校相关方面负责人出面联系沟通
2. 安全问题：学生前往十字路口调查过街信号灯，前往居民楼调查楼道灯，存在安全隐患；安全使用工具	提前培训学生交通知识，小组集体走路前往调查点。安全乘车告知书，购买保险。强调劳动纪律，在使用工具时尽量征得电工师傅和指导教师的意见
3. 组织问题：小组成员间分工不明确，出现组员游离于小组之外的情况	提前组织学生进行小组活动方式路演，填写项目任务书，人手一册，任务到组，到人
4. 知识问题：学生对开源硬件下的创意电子设计所需要的知识和能力欠缺	建议根据项目选定套材，开展硬件讲解和软件使用培训
5. 方法问题：制作美篇、录制视频出现技术问题	教师录制微课，使用线上资源。
6. 其他问题：项目维持问题、激发学生参与积极性问题	通过班级 QQ 群，制作美篇及时报道本项目进展情况，和学生各组的表现

4. 项目重、难点及创新点

(1)重点

电工、灯光师、交通警察劳动实践活动。

(2)难点

与三种职业相关劳动实践活动内容的确立，活动方案的制定，实施过程的组织和协调。

(3)创新点

围绕“让灯更懂你”主题,整合家、校、社相关资源,综合运用综合实践活动的四大活动方式,实施跨学科的劳动实践。

(三)项目实施

表 6-10-3 劳动项目课程安排表

活动阶段	活动内容	教师行为	学生行为
项目建构	师生交流灯主要由照明、体验、指示警示三种作用,由此产生了电工、灯光师、交通警察三种职业。确立任务:了解这三种职业,让灯光更懂你。	引导学生了解电工、灯光师、交通警察的工作和职业,激发对三种职业的兴趣	1. 由驱动性问题“让灯更懂你”,头脑风暴,绘制项目课程地图。 2. 确定整体活动方案。
背景经验	1. 联系电力公司一线电工劳动模范进校园做主题为“三月三电工节与电的应用”讲座 2. 联系灯光师开展主题为“灯光的设计与调控”讲座 3. 联系交通警察开展主题为“过街信号灯的使用”讲座 4. 考察探究方法及注意事项	1. 三个讲座旨在让全社会全面走进电工、灯光师、交警的日常,体验职业特点,从而在全社会尊重普通劳动者,传递工匠精神。 2. 辅助一般技能的培训 3. 安全问题 3. 跟进解决学生的其他问题	1. 设计制作过街信号灯的使用海报。 2. 采访、观察、收集数据、整理数据 3. 研究报告撰写

续表

活动阶段	活动内容	教师行为	学生行为
实践体验	电工劳动实践:让灯服务你 1. 调查居民楼道灯的使用 2. 维修居民楼道灯 3. 向居民宣传"安全用电,珍视生命"知识	1. 教师指导学生开展调查 2. 邀请电工师傅现场手把手指导实践 3. 联系好家长、社区,组织学生积极参加三月三电工节活动	在电工师傅和教师指导下分组进行实践 在电工节这一天,配合社区做好宣传
	交警劳动实践:让灯指导你 1. 过街信号灯的使用 2. 过街信号灯的使用调查 3. 过街信号灯的使用宣传 (宣传)海报的设计和发放	1. 教师指导学生开展调查(调查对象确定、问卷设计、现场观察,安全注意) 2. 邀请交警现场进行指导过街信号灯的使用	在交警、教师的指导下分组进行实践 设计采访问题——实地观察居民如何使用过街信号灯——采访居民对过街信号灯的认识和使用——宣传正确使用方法
	灯光师劳动实践:让灯更懂你 1. 利用三点布光法,使用一盏灯具拍摄不同光位的人物照,体验同一物体呈现给观众不同的视觉效果 2. 创意电子灯实践:设计思维5步骤 指示灯、体验灯、控制灯、物联网灯的制作	1. 灯光师现场指导布光 2. 教师讲解开源硬件下的电了设计 3. 学生分组进行实践 4. 观察小组成员的表现,提供即时性的鼓励和评价	在灯光师、教师的指导下分组进行实践

续表

活动阶段	活动内容	教师行为	学生行为
成果表达	1. 开展过街信号灯的正确使用的主题教育班会 2. 考察报告发布:过街信号灯的使用调查报告和居民灯具使用调查报告 3. 劳动产品展:千姿百态的灯 4. 总结交流汇报会 5. 美篇发布(项目全过程记录)	1. 邀请部分家长、校长、电工师傅、灯光师傅、学生、教师参观,参与评价 2. 总结表彰 3. 影像资料的留存	1. 参与汇报会的筹备、服务、发言 2. 根据评价量规开展评价自评、小组评价 3. 美篇(终结篇)

后　记

写毕此书，正值端午期间，我想起屈原和他的“吾将上下而求索”。

每个人的命运都深受时代和社会发展的影响。影响教师发展因素的有国家教育方针、基层学校教师规章制度等。在众多的影响因素之中，教师任教学科的发展恐怕是无法回避的因素。作为一名长期坚守的综合实践活动课程（劳动教育）教师，我是五味杂陈，心绪复杂。这是一段颇为艰辛的心路历程。

大的方面讲，2000 年国家实行第八次课程改革。彼时的劳动技术学科，修改为劳动与技术教育，成为综合实践活动课程四大领域之一。一直到 2018 年全国教育大会提出“要努力构建德智体美劳全面培养的教育体系”，以及《意见》《纲要》颁布，2021 年教育法新修订教育方针为“培养德智体美劳全面发展的社会主义建设者和接班人”，直到 2022 年 4 月，义务教育劳动课程标准颁布，劳动与技术教育修改为劳动课程，从综合实践活动课程独立出来，自小学一年级起开设。这就是学科二十多年的发展脉络，也是本书的成书背景。本书的实践探索有三个研究路径：

一是围绕劳动与技术教育的课程实践。这是受教育内部因素推动，从课程实施主渠道的角度，受国家课程方案和天津市区各级教研室指导而进行的实践探索。

大的背景是天津市基础教育改革实验提出并实施了“相对独立，相互融合”的方案,即综合实践活动课程的4个领域,分别安排教师、分配课时;课程实施提倡4个领域间及领域与各学科间的交叉、渗透和整合。小的背景是从2001年一直到2017年,我三次参加中国教育学会劳技专业委员会组织的全国综合实践活动课程、劳动技术学科优质课大赛(两次一等奖、一次三等奖),三次参加天津市第七、八、九届双优课大赛(两次二等奖、一次一等奖)。从我个人的探索和参赛体会上看,劳动与技术教育保持了自己的相对独立性,又吸收了综合活动课程的理念,改变了以往的劳动技术学科就是依葫芦画瓢、按图索骥制作一件作品的认识,将作品的制作线拉长,延伸到作品之前的创意、跨学科的渗透,作品之后的反思、改进和迭代。与之前的劳动技术学科现状相比,学生对“为什么做作品”有了整体的建构,学生的主体意识得到尊重和唤醒,学科参与的积极性得到提高;学生对“怎么做作品”有了更加全面的认识,学科知识的综合运用、工程思维的实践得到体现;学生对“作品用在哪里”也有了指向性的体验。如在《编中国结,表学子情》课程项目中,学生将作品赠送给社区养老院的老人,赠送给抗击疫情的医护人员,学生参与社会服务的意识得到增强,问题解决的能力得到提高,责任担当的意识得到培育。总之,一节优秀的综合实践活动课(劳动与技术教育课)的衡量标准,看是否生成了用、学、评一体化的制作线和价值链。

二是围绕天津市科普项目。这是受教育外部因素推动,从校本课程实施的角度,受天津市科委、科协指导而进行的实践探索。

天津市科普项目是由天津市科委资助的科学普及项目。2009年我校的“绿地图测绘”立项为天津市科普项目。2013年4月25日,项目通过结题验收。结项专家组认为:该项目提升了学校实施素质教育和开展综合实践活动的能力。与之前的综合实践活动相比,科普项目的介入,引入了新技术,用“真工具”进行探索,引入了真实情境下的问题解决,考察探究、职业体验等活动方式的综合运用,改变了传统的学习方式,项目化学习的实践改变了教师的教学方式,改变了学生的学习方式,通过基于真实问题的项目驱动,组内合作的组织形式,成果表达的评价方式,促使学生形成“价值体认”“责任担当”“问题解决”“创意物化”等方面的意识和能力,达到“学思结合,知行统一”的目标。

三是围绕“十三五”教育科学规划课题,以及参加全国创新赛、创客教育进行的探索。

2016年8月,我申报的课题“依托‘小发明设计’创新实验室开展学校科普教育的实践研究”,由天津市教育科学规划领导小组立项为天津市十三五教育科学规划重点课题。经过近五年的研究实践,课题取得了显著成果,几百项学生成果在全国市区各级创新赛上获奖,二百多项学生发明获得国家专利。课题鉴定为重点课题,等级为良好。课题提炼出《基于“五个一”关键要素,普通学校构建科技教育实践育人模式》的成果,有利于培养学生创新精神和实践能力,有利于学校实施素质教育,对于基础教育其他领域高质量育人模式的构建具有启发和示范作用。该成果获得天津市第七届基础教育教学成果奖二等奖。

总之,围绕以上三方面研究路径的探索,学校综合实践活动(劳动教育)的研究提升到一个新的水平。“像科学家一样思考”“像工程师一样工作”,是学生的“常态”。学生在“做中学”“做中思”,收获的不仅仅是物化能力得提高,问题解决时的“从容”,更重要的是兴趣的激发,多元智能的发展。教师基于项目教学开展的综合实践活动(劳动教育)课程,也将教师带入一个新的发展高度。从生活中发现问题,把问题上升到课程,从教别人的东西,到教自己开发的课程,提升了教师的研究能力,助推了教师的专业发展;伙伴式的师生关系,诠释“教学相长”的教育原则,提升了教师的职业幸福感。

问渠那得清如许,为有源头活水来。真实有价值的实践需要理论的指导,才能行稳致远。几年来,除了不断地从书本学习,汲取实践的营养之外,我相继参加了“滨海新区三名工程”“未来教育家奠基工程”“天津市杰出津门教师”等高端教师培养专项计划。感谢天津市教委、天津教科院,感谢滨海新区教育体育局,感谢北京师范大学教师培训学院,感谢授课的那些专家们,感谢朝夕相处的教师伙伴们。置身一群有理想信念、有道德情操、有扎实学识、有仁爱之心的“名师”中间,我发自内心地激动和感恩。我希望在未来学习工作中,在先进教育教学理论的指导下,在学校领导及同事们的帮助下,围绕“立德树人”的根本目标,继续奉行“用不断的学习构建专业自信,用积极的实践促进专业自能,用深刻的反思塑造专业自觉”的教育理念,努力站在高处,立已达人,做实践育人的“四有”好老师。

感谢天津绿色之友余晓勇老师,亦师亦友,相伴一生是我们关系的真实写照。我校绿地图的发展格局,离不开绿色之友的支持,更加离不开余老师的精心指导,无论是从手把手地直接指导,还是到专家顾问的邀请,无论是从教材的编写,还是到我的那节双优课课程设计的指导,所有的一切,都凝聚着余老师的智慧和汗水,寄托着余老师对一个后生晚辈的希望和嘱托。还有我的第二本书《芝麻开门,让发明发生》,得到了余老师的赞美。“发明全凭偶然吗？其实这种认识大错特错！……永成老师的专心、细心和爱心,促成了近年难得一见的主要针对在校学生进行发明教育的这本新书问世,芝麻开门,让发明发生,光明降临!”极显对年轻人的鼓励和提携。

感谢著名教育专家陶继新老师,他在2015年的全国教师聊书会上听了我的聊书之后,在近千人的会场中说的那句“祁永成并非闻名遐迩的全国名师,但在我心里却是地地道道的名师。因为我评价老师,不是观其当下有多少耀眼的光环,而是看其未来有没有发展的生命张力。”令我终生难忘,一直给我力量。他为我指出今后成为名师的成长路径:思维的开放,持续不断地发明创造,以及践行孔子“已欲立而立人,已欲达而达人”的忠道精神。

感谢北京市教育科学研究院基础教育教学研究中心综合室原主任陶

礼光教授，陶老师在2017年北京师范大学承办的滨海新区“三名”工程第二阶段研修活动中，对我的课题给予了高度评价，并力推我在研修总结会上做汇报。之后在微信里每天给我推送科研理论、新鲜实践，让我在科研的道路上尤其在科研的选题上，站到了该领域的前沿。本书得到了陶老师的认可，让我一颗悬着的心彻底放到肚里，也让我对本书平添了几许自信。在本书封底，陶老师不吝赞美之词，既鼓励又鞭策，让我找到今后努力的方向。

感谢天津师范大学教育学部副部长唐耀辉教授，感谢天津师范大学教师教育研究所所长吴艳茹教授，两位教授无论从专业引领，特别是躬行实践方面为我搭建了成长的平台。吴艳茹教授对全书的结构提出了十分有价值的建议，为本书赢得读者充分理解奠定了基础。

感谢天津市教育科学研究院课程教学研究中心教育信息化部主任，正高级教师高淑印老师，她是我们“未来教育家奠基工程”劳技通用技术组的实践导师，短短两周的实践指导，给我留下了深刻的影响。

感谢天津师范大学教师教育处处长纪德奎教授，感谢天津市第四中学信息技术正高级教师、天津市特级教师、杰出津门教师刘姝弘老师，两位老师分别是我“未来教育家奠基工程”结业论文的理论导师和实践导师。纪老师的“探究—习得—反思—改进”的项目构建完整闭合回路的理论不仅对我结业论文产生影响，也对本书的撰写提供了理论上的支持。刘老师的严谨求实的研究态度，以及文献综述等方面的指导让我受益终生。

感谢北京市教育学会中小学综合实践活动专业委员会理事长刘玲博士，认识刘博士是在教育部深入天津的一次关于综合实践开展的调研会上，刘老师作为综合实践纲要编写组的专家，对我校的探索给予了高度的肯定。在本书的成书过程中，刘博士不厌其烦，给予了十分有益的指导。

感谢天津教育科学研究院课程教育研究中心主任赵松涛老师，赵主任短短几年将天津的综合实践教学带入了一个新的高度，为综合实践学科教师搭建了分享交流、共同成长的平台，我是众多的受益者之一。赵主任还欣然为本书作序，指出本书的出版将是广大劳动教育课程工作者的福音。

感谢天津市河北区教师发展中心党支部书记、主任，正高级教师段崇伟老师，段老师是我津门“三杰”专业指导老师。学习段老师敬业奉献、追究卓越的先进事迹，大大提升了我的理想信念和道德情操的水平。

感谢北京大峪中学创新人才发展中心主任、综合实践活动正高级教师、特级教师陶术研老师，陶老师在逆境中奋起，在平凡中创新的事迹深深地感染了我，激励着我。在本书的成书过程中，陶老师给予了精神上和实操方面的大力支持。他指出，本书的出版，正值劳动课实施之际，尤其第六章的案例，活灵活现，实用经典，如同给老师们出了一个模板，具有超强的引领作用。

感谢天津社会科学院出版社第三编辑室主任柳晔老师，本书从最初的选题立项、书稿审校、装帧设计、印刷制作到上架发行、推广宣传，其中的每一步无不凝聚着柳老师的心血、智慧和汗水，在这个九月收获的季节里，向辛勤敬业的柳老师致敬！

感谢学校领导和同事们，二十多年的信任、支持，鼓励和鞭策，给我前进下去的勇气和力量。感谢亲爱的学生们，诠释了一种教学相长、互为成全的新型师生关系，他们是改革的亲历者、验证者，是真正的英雄。

感谢我的爱人，几十年的默默奉献；感谢孩子们的理解，有些场合，或因种种原因留下了遗憾，唯有在今后的岁月长河中，踔厉奋发，笃行不怠，坚定向前，去创造，去有所为……

祁永成

2022 年 7 月 3 日大雨家中写作